低风险股权布局

股权战略落地实战指南

慧杰　李晓冬◎编著

地震出版社
Seismological Press

图书在版编目（CIP）数据
低风险股权布局：股权战略落地实战指南 / 慧杰，李晓冬编著. —北京：地震出版社，2022.9
ISBN 978-7-5028-5452-2

Ⅰ. ①低… Ⅱ. ①慧… ②李… Ⅲ. ①股权管理
Ⅳ. ① F271.2

中国版本图书馆 CIP 数据核字（2022）第 098244 号

地震版 XM5237/F（6281）

低风险股权布局：股权战略落地实战指南

慧　杰　李晓冬　编著

责任编辑：范静泊
责任校对：凌　樱

出版发行：地 震 出 版 社
北京市海淀区民族大学南路9号　　邮编：100081
发行部：68423031　68467991　　传真：68467991
总编办：68462709　68423029
编辑四部：68467963
E-mail：seis@mailbox.rol.cn.net
http://seismologicalpress.com
经销：全国各地新华书店
印刷：三河市九洲财鑫印刷有限公司

版（印）次：2022 年 9 月第一版　2022 年 9 月第一次印刷
开本：710 × 1000　1/16
字数：269 千字
印张：17
书号：ISBN 978-7-5028-5452-2
定价：68.00 元

PREFACE 前言

在商界流行着这样一句话："股权是当代管理学史上最伟大的发明之一。"的确，在股权诞生和应用之前，公司的经营和管理模式还存在不足之处，公司要么眼看着人才流失，要么花大价钱来留住人才；公司合伙人之间为了自身利益而矛盾百出，甚至直接导致公司散伙；在公司发展急需资金支持的时候，却难以得到及时的资金补给，而导致公司发展步履维艰……

直到17世纪初，世界上最早的股份有限公司诞生之后，这些问题才得到了有效的解决。之后，越来越多的公司开始利用股权设计全新的内部组织结构，制衡公司内部合伙人之间的权益，融得公司发展所需资金，激励公司员工更加奋发上进……股权于公司而言，仿佛是一个有效的助推器，推动了整个公司内外的协同运作和发展。

尤其当代企业对股权战略的重视程度远胜于以往任何一个时代。股权战略仿佛魔法般存在于各类企业的经营管理当中，并给公司带来了肉眼可见的巨大红利。

股权战略，即用股权建立一种人、组织、环境高度匹配的自组织管理模式。这一模式在运用的过程中，主要分为三个板块：股权布局板块、股权激励板块、股权融资板块。

本书即从股权战略的这三大板块出发，帮助当代企业做详细的规划和引导，助力当代创业老板成为股权规划高手，助力当代企业在市场竞争中快速腾飞。

第一，股权布局。

设计股权战略，首先需要做股权布局，这是基础，也是关键。股权布局决定了公司的分红权、表决权、起诉权、知情权等花落谁家。公司的股权结构是在不断变化中进行优化的，不论如何变化，谁在公司拥有的股权多，谁就掌握了公司牢固的控制权，就在保证自身利益的基础上，拥有公司至高无上的话语权。

第二，股权激励。

股权激励是股权战略中不可或缺的一部分，虽然股权激励对员工诱惑力十足，能够有效吸引、激励和留住人才，还能有效绑定员工和老板的利益，整合上下游资源，提升公司的竞争优势。科学合理的股权激励，可以让员工以为公司增富创利、加速实现公司战略目标为己任，燃起员工的激情，让员工的工作积极性倍增。但如果运用不好，则成为一把充满杀伤力的“双刃剑”。一旦股权激励操作不当，不但容易抬高人力成本，还会出现分配不均，引发股权纠纷。这把“双刃剑”在使用的时候，一定要思路清晰，以“正向股权激励”为导向，即以提高员工实际绩效，提高员工归属感、荣誉感，放大员工的未来价值为导向，让更多的股权惠及更多业绩优秀的人。

第三，股权融资。

股权融资，可以说是解决企业资金饥渴的“救星”。有了充足的资金和优厚的资源，企业犹如锦上添花，更具市场优势。但如果融资失败，则可能面临“引狼入室”的风险，甚至处于江河日下的局面。

以上三个板块，共同构成了一个企业的股权战略层次。

经营好一家企业不易，持续经营好一家企业更是难上加难。一个善于借助股权战略这种管理模式发展的企业，不但能为其自身的良好经营和发展打下坚实的基础，而且让员工看到了这个企业的智慧和商德，向行业竞争对手展示了自己的实力。

本书在章节的编排上，按照股权战略的三个层次，逐一进行系统梳理和阐释，并对具体的股权布局、股权激励、股权融资三方面的操作方法进行总结和介绍。

本书语言通俗易懂，而且为了让读者更好地理解相关内容，还引用了众多案例和图表，力求人人都能看得懂、学得会、用得来。通过阅读本书，读者可以了解正确的股权战略，绕开误区，避开风险，将股权战略的优势发挥到极致。

Contents

目录

2 第二章　股权架构设计

5

第五章　对外激励：整合上下游，打通产业链

第三篇　股权融资方案制定与落地

6

第六章　架构设计：顶级股权融资方案设计秘诀

7

第七章 计划与步骤：股权融资落地流程

索引

扩展阅读

案例阅读

引子　股权布局，共赢受益

很多老板会发现企业在发展过程中存在以下问题：

企业越做越大，老板越做越累；

高层思想不统一，各自为政，互相掣肘甚至拆台；

只有老板为企业全心全意做事，员工缺乏主人翁思想；

企业发展不是没人才，就是留不住人才；

最初的合伙人变为了仇人；

只能共享利益，不能共担风险；

……

如果你的企业长期存在以上问题，那么就需要在管理上做重大改革。

在这个大众创业、万众创新的时代，无论何种形式的合伙企业、有限公司、股份公司，其发展的两个基本点是相同的：一是合作伙伴，二是股权。

合伙人是企业的一类特殊群体，要想让合伙人能够持续合力为企业创利，就需要为其提供长远的利益。

股权是股东占有企业股份并从企业中获得利益、参与企业管理的权利。很多人认为，股权只是为股东带来应该享有的权益，事实上，股权除了为股东主体，即创始发起人、外部投资人、员工持股、合伙人带来权利和利益之外，企业也借助良好的股权布局，为自己带来更多更好的发展前景。

合理的股权分配，可以有效解决企业发展过程中出现的以上问题。可以说，股权就是股东控制公司的定海神针，也是一种有效的造富工具，可以实现共同受益。

1.企业层面

合理的股权布局为企业发展带来的益处是毋庸置疑的。

（1）有利于企业业绩增长和市值增长

相关统计数据显示，一个公司进行了股权激励，在其他条件不变的情况下，公司业绩可以显著增长30%。

在长期的股权激励下，员工与企业利益捆绑在一起。一方面，促使员工更加积极努力工作，为企业创造更多、更大的价值。这样，企业业绩增长成必然。另一方面，一个设计规范、考核科学的股权激励方案一旦公布于众，公司的股票应声大涨，这一现象在资本市场屡见不鲜。对于一个非上市公司来讲，一套规范的股权激励机制，可以使得企业引进战略投资者，并由此获得额外10%~15%的估值溢价。

显然，好的股权布局可以提升企业业绩，同时带来企业市值的显著增长，更有利于提高企业在未来创造价值的能力和长远的竞争能力。

（2）有利于企业在人才争夺战中取胜

经济领域有这样一句话："一流的人才愿意进入的行业或企业，迟早是一流的行业或企业。如果你所在的行业或企业进来的是二流或三流的人，那你这个行业或企业，迟早被边缘化。"

市场经济的竞争，说到底是人才的竞争。人才是一个企业生存和发展的基石。决定人才是否愿意进入企业和行业的因素很多，但股权激励的重要性不可忽视。

以信息行业为例，做过股权激励的公司，其总体薪酬水平要比没做过股权激励的公司薪酬水平高出2~7倍。因此，股权激励已经成为企业在人才争夺战中取胜的常用手段。

（3）有利于企业扩张资本市场

随着企业业务不断扩张，以及规模不断扩大，企业需要更多的资金来支撑自身的发展，就需要不断稀释股权融来资金。资金的加持可以为企业注入强大动能，有效增强企业在市场竞争中的实力。

2.个人层面

（1）凸显"主人翁"地位

对于个体来讲，手握股权，就意味着"当家做主"，会认为自己不再是打工人，一切努力都是为了自己。这样，无论基层员工还是上层高管，“主人翁”地位都能很好地凸显出来，有效增加了他们的获得感和幸福感。

（2）改善福利

企业将股权作为一种奖励，对于个人来讲，也是一种福利发放形式。相比那些没有股权的员工，有效改善了股东的福利待遇，增加了他们的既得利益。

正因如此，股权被赋予了更多衍生功能和价值。

第一篇

股权激励架构设计：

谋经营者，先谋全局

第一章

企业股权架构顶层设计要点

正所谓：谋经营者，先谋全局。一个企业的发展，离不开宏伟的发展蓝图；一个企业的壮大，离不开精妙的股权架构设计。股权就像是企业的根，树失去根会死，股权出了问题，企业也难以活下去。多少企业因股权而成功，也因股权而失败。股权架构顶层设计是企业发展的基石。掌握股权架构顶层设计要点，是做优秀股权架构顶层设计的必要前提。

公司布局：企业发展格局设计

成功的股权激励、股权融资，能够为企业引进人才，助力企业不断壮大；失败的股权激励、股权融资，轻则使员工离心离德，重则使整个创始人团队矛盾重重，进而影响整个公司的发展。

研究股权如何为企业创造价值，就不得不知道企业布局的方法。按照股权性质来划分，企业可以分为合伙企业、有限公司、股份公司三种类型。

合伙企业：利益共享，风险共担

这是一个个体价值崛起的时代，变革与创新成为这个时代的主旋律。以往的单打独斗会被市场淘汰，1+1>2的共赢思维使得每一个成大事者的价值得到最好的体现，合作才是出路。因此合伙企业模式便诞生了。

合伙企业，是由两个以上的发起人共同出资、共同经营、共享收益、共担风险的企业。合伙企业的发起人之间承担无限连带责任。

1.合伙企业的组织形式

合伙人以出资的形式，享有合伙企业的财产，但因为合伙企业不具有独立的法人资格，因此合伙企业的财产被全体合伙人共有。这种共有关系，决定了合伙企业的所有权和经营权不是分离的，而是合二为一的。在合伙企业里，每个合伙人既是所有者，也是经营者。这又使得合伙人之间形成了共同经营关系。基于这两种关系，合伙企业本质上是一种“人合”性企业。

按组织形式划分，合伙企业主要有三种：普通合伙企业、特殊合伙企业、有限合伙企业。

（1）普通合伙企业

普通合伙企业由两个或两个以上的普通合伙人组成，合伙人以自己的财产，对合伙组织的债务承担无限连带责任。

（2）特殊合伙企业

特殊合伙企业，是指那些有专业知识和技能的专门服务机构合伙组成的企业，如律师事务所等。特殊合伙企业的合伙人，需要对企业债务承担无限连带责任。

（3）有限合伙企业

有限合伙企业由2~50个合伙人设立。有限合伙人行使的权利如下：

①参与决定普通合伙人入伙、退伙。

②有权查阅有限合伙企业财务会计账簿等财务资料。

③对合伙人行使权利进行监督，并以自己的名义对损害公司利益的行为等提起诉讼。

2.合伙人类型

合伙企业的建立就像搭戏班子一样。每个成员各司其职，共同配合，才能在舞台上将每一出戏完美演绎。在这个“戏班子”里，通常有以下几种合伙人。如图1-1所示。

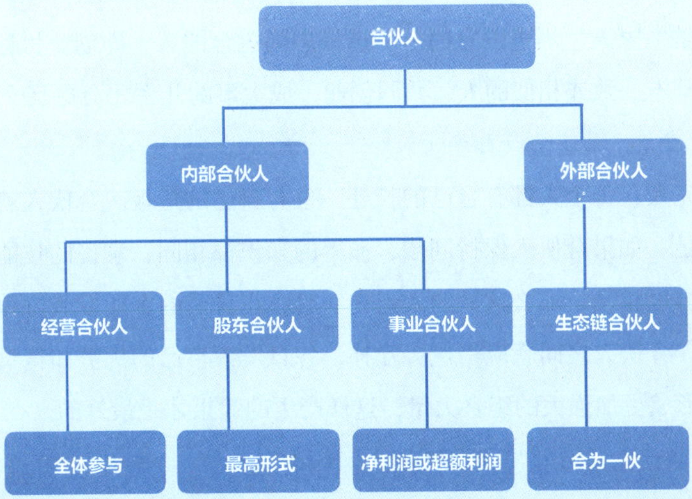

图1-1　合伙人类型

（1）经营合伙人

经营合伙人，实际上是指企业全体员工共同参与经营，并自负盈亏，形成一个利益共同体。

（2）股东合伙人

股东合伙人，就是在市场监督管理局登记注册的股东，是企业的最终所有者。股东合伙人是合伙人企业的最高形式。

（3）事业合伙人

事业合伙人，主要是指企业高层，大家共同出资，共同分享企业净利润或超额利润，形成梦想和利益共同体。事业合伙人可以分为两种：一种是对企业的业务、产品可以独立核算，并与参与经营的员工共同投资，共享利润，共担风险。另一种是指参与投资，不参与管理的合伙人。

（4）生态链合伙人

生态链合伙人，就是将处于生态链上的供应商、代理商、客户等聚集在一起，使其成为合作伙伴。

3.合伙企业组建的先决条件

（1）目标和价值观一致

“不是一家人，不进一家门。”选择志同道合的人，即创业目标和动机以及价值观基本一致或相似的人，共同创业，成大事的几率才会更高。

（2）彼此之间优势互补

人无完人，每个人都有自己的长处，也有自己的短板。合伙人就要彼此之间弥补不足。如果合伙人保持同步，懂得的知识都相同，掌握的技能都相同，不懂的领域也相同，那么这样的人走在一起，在日后的企业发展过程中会遇到很多阻力。合伙人之间就应当优势互补，各自发挥自己的优势和特长，同时还能与他人形成更加强大的组合力量，这样产生的效果才是最好的。

（3）彼此信任

任何人与他人之间的关系能够长期保持的，不是靠彼此之间的利益，而是两人建立起来的信任。寻找合伙人，自然要找重信守约的人，这是最基本的要求。

如果连基本的信任都没有，那么几个人聚在一起无疑会断送企业的发展前程。

（4）全身心投入

合伙企业要想走得长远，就需要合伙人之间坦诚相对、全身心投入。如果相互之间勾心斗角、计较得失，不舍得出全力，那么这个合伙企业必定人心涣散，同床异梦，甚至还会同室操戈，兵戎相向。这样的合伙企业，必定难以为继。

有限公司：中小企业的最优组织形式

有限公司，全称是有限责任公司，是结合无限公司和股份有限公司两者的优点产生的。

有限公司的组织形式主要包括以下几方面：

①有限公司的内部组织结构比较灵活，由股东会、董事会、监事会、生产部门、经营部门、管理部门、财务部门等构成。如图1-2所示。

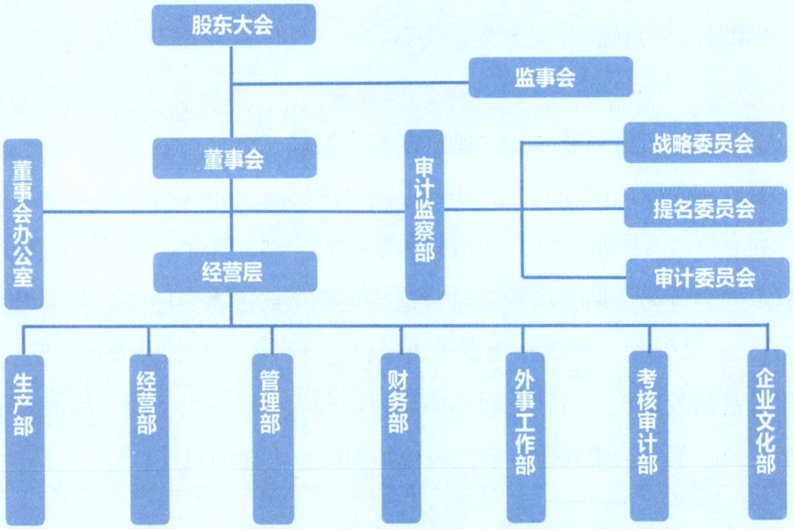

图1-2 有限公司组织结构

②由50人以下的股东出资共同设立，每个股东以其认缴的出资额为限，对公司承担有限责任。

③从资本募集方式来看，有限公司具有封闭性，不能公开发行股票，筹集

资金范围和规模较小，因此，这种企业组织形式一般适合于中小企业。

④从资本募集工具来看，有限公司筹资并不采用股票债券形式，而是内部认购。

⑤有限责任公司由于公司注册资本为全体股东缴纳股本[①]的总和，因此具有“资合”性。但股东之间的关系密切，在一般情况下，资本所有权和经营权不分离，由此它又凸显出“人合”性。

1.股东会

有限公司的股东会由全体股东组成，是公司的权力机构。股东会主要行使以下职权：

①拥有决定经营方针和投资计划的权力。

②享有选举和更换董事的权力，决定董事的报酬事宜。

③可以选举和更换由股东代表出任的监事，并决定监事的报酬事宜。

④具有审议批准董事会报告的权力。

⑤批准公司的利润分配方案、决算方案、年度财务预算方案、弥补亏损的方案。

⑥享有对公司增加或减少注册资本的决议权。

⑦对股东向股东以外的人转让出资做出决议。

⑧拥有修改《中华人民共和国公司章程》（以下简称《公司章程》）权。

股东大会分为定期会议和临时会议。定期会议应当遵照《公司章程》按规定时间召开。1/10以上的股东提议表决通过，才可以召开临时股东会议。

如果遇到董事长有特殊原因不能履行职务召开股东大会时，就需要董事长亲自指定的副董事长或其他董事代表他组织股东大会的召开。

2.董事会

有限责任公司的董事会需要由3人以上组成（通常为3~30人）。董事会通

① 股本：即股份资本，是经公司章程授权、代表公司所有权的全部股份。其形式可以是货币、实物（如建筑物、厂房、设备等有形资产）、非专利技术、土地使用权。

常设置一个董事长，1~2个副董事长。董事由股东会选举产生。

董事会对股东会负责，具有以下职权：

①负责召开股东大会，并向股东汇报工作情况。

②行使股东会的决议权。

③决定公司的经营计划和投资方案。

④拟定公司合并、分立、变更、解散方案。

3.监事会

监事会是有限公司的监督机构，主要是防止董事会、经理滥用职权，损害公司和股东的利益，代表股东行使监督权。监事会成员不少于3人。

监事会行使的职权如下：

①检查公司财务。

②对董事、高级管理人员的行为进行监督，发现董事、高级管理人员有违反法律法规、《公司章程》等行为时，监事会可以要求企业予以纠正，甚至可以提出罢免建议或提起诉讼。

③向股东会提出议案。

④提议召开临时股东会。

4.经理

有限公司的经理，由董事会聘任或解约。经理根据部门需求来设定，需要对董事会负责，并行使以下职权：

①主持公司的生产经营管理工作，并组织实施董事会决议。

②组织制定和实施公司的年度经营计划和投资方案。

③负责拟定公司的基本管理制度。

④聘请或解约公司经理、财务负责人等。

股份公司：同股同权，一股同利

股份公司，全称为股份有限公司，是指公司资本组成形式是股份制的公司。换句话说，就是将全部资产划分为等额股份，股东以其认购的股份为限对公司承担责任，由于股份公司必须承担有限责任，因此就称为股份有限公司。

股份公司发起人股东人数为2~200人，非发起人股东人数无上限。股份公司的资产被化为股，股票可以公开发行。一般每股面值1元，注册资本即股本。股份公司的股东根据每一个股份享有的表决权，是同股同权的。

股份公司的组织结构主要包括决策机构、执行机构和监督机构。

1.决策机构

股份公司的决策机构由两个以上的董事组成。它的职责是对内执行业务，对外代表公司的常设理事机构，向股东大会负责。

董事会的主要职权包括：

①代表公司对各种业务事项作出表决。

②组织实施和执行公司决策。

③除了股东大会决议的事项之外，对公司日常活动中的各种事项都有决定权。

2.执行机构

股份公司的执行机构由总经理及其助手组成，主要的职责是负责公司的日常经营事项。

3.监督机构

股份公司的监督机构即监事会，主要是对董事会执行的业务活动进行监督。监督机构是公司的常设机构，监事会成员是从股东大会中的股东中选任的，董事或经理不可兼任。

监事会的主要职权有以下几点：

①可以列席董事会会议，定期和随时听取董事会的报告。

②可以监督董事会的活动，对于违反法律和《公司章程》的行为可以提起诉讼。

③可以随时调查公司的财务账簿以及相关资料。

④可以审核公司的结算表册、清算表册。

扩展阅读

不同类型公司布局差异对比

不同的公司组织形式，在布局上是有一定的差异的，如表1-1所示。

表1-1　不同类型公司的布局差异对比

公司类型 布局差异	合伙企业	有限公司	股份公司
成立基础	以合伙协议为基础，具有较多约定性特征	以《公司章程》为基础，具有较多法定性特征	以《公司章程》为基础，具有较多法定性特征
出资人要求	合伙人应为自然人	股东可以是自然人，也可以是法人	无要求、无限制，自然人、法人均可
股东人数	普通合伙企业由普通合伙人组成，普通合伙人人数在2人以上；有限合伙企业股东人数为1~50人	股东人数为2~50人	发起人股东人数为2~200人，非发起人股东人数无上限
注册资金	无须出具注册资本	取消有限责任公司最低注册资本3万元人民币的规定，实行认缴制	取消最低注册资金为500万元人民币的限制，实行认缴制
股票发行特点	不可公开发行	不可公开发行	可以公开发行
属性特点	具有“人合”属性	兼具“人合”与“资合”属性	具有“资合”属性
股权控制权	由普通合伙人控制	由大股东控制	由董事会控制
法律地位	合伙人具有相对独立人格，不具法人资格	具有绝对独立的人格，具有法人资格	具有绝对独立人格，且具有法人资格
承担责任	合伙人应承担无限连带责任	以其所认缴的出资额为限对公司承担有限责任	以其所持有股份为限对公司承担有限责任
知情权	合伙人有权查阅合伙企业会计账簿等财务资料	股东有权查阅公司会计账簿等财务资料	股东无权查询公司账簿等财务资料
收益权	依照合伙人协议进行收益分配	允许分红比例与出资比例不一致	分红比例必须与出资比例一致

续表

公司类型 布局差异	合伙企业	有限公司	股份公司
起诉权	合伙人联合起来，以企业名义对损害企业的合伙人提起诉讼	所有股东都对董事会、监事会、高级管理人员侵害公司的行为拥有起诉权	只有持股股票1%以上的股东，才具备对董事会、监事会、高级管理人员侵害公司的行为的起诉权
制定和修改《公司章程》权/合伙人协议权	合伙人有拟定合伙协议的权利	股东拥有《公司章程》的制定和修改权，有2/3以上的股东表决通过，才能进行修改	有权制定和修改《公司章程》
行使表决权	在合伙协议中未约定或约定不明时，全体合伙人过半数表决同意，则视为表决通过	股东可以不按照出资比行使表决权	股东需要按照出资比行使表决权
优先认购新股权	合伙人向合伙人以外的人转让其在合伙企业中的财产份额的，在同等条件下，其他合伙人有优先购买权；但是，合伙协议另有约定的除外	股东拥有对新增出资的优先认购权	股东没有对新增出资的优先认购权
股东会	不设立	（1）由全体股东组成，是公司的最高权力机构。 （2）股东会临时会议召开人员： ①代表1/10以上表决权的股东； ②1/3以上的董事； ③公司监事	（1）股东大会分为年会和临时会议。 （2）股东大会临时会议召开的情形： ①董事人数不足《中华人民共和国公司法》（以下简称《公司法》）规定人数或《公司章程》所定人数的2/3时； ②公司未弥补亏损实收股本总额时； ③单独或合计持有公司10%以上股份的股东发起召开临时股东大会请求时； ④董事会认为有召开必要时； ⑤监事会提议召开时； ⑥《公司章程》规定的其他情形

续表

公司类型 布局差异	合伙企业	有限公司	股份公司
董事会	不设立	（1）董事会由3~13人组成。 （2）股东人数较少或规模较小的有限公司，可以设置1个执行董事岗位，不设董事会，执行董事可兼任公司经理	（1）董事会由5~19人构成。 （2）董事会设一位董事长，可以设副董事长。 （3）董事会每年至少召开2次会议，代表1/10以上表决权的股东、1/3以上董事或监事会可以提议召开临时会议。 （4）董事会会议应有过半数的董事出席方可举行；董事会决议需过半数董事通过方可执行
监事会	不设立	（1）监事会成员不得少于3人，应包括股东代表、职工代表，职工代表不得低于1/3。 （2）监事会设主席1人，由全体监事过半数选举产生。监事任期3年，连选可连任	（1）监事会成员不得少于3人，应包括股东代表、职工代表，职工代表不得低于1/3。 （2）董事、高级管理员不得兼任监事

扩展阅读

创业股东协议

有限公司股东协议（范例）

本协议由各方于______年______月______日在______省____市______（区/县）签订。

甲方：______
身份证号码：______
住所：______
经常居住地：______
通讯地址：______
手机号码：______
电子邮件：______
微信号：______

乙方：______
身份证号码：______
住所：______
经常居住地：______
通讯地址：______
手机号码：______
电子邮件：______
微信号：______
（以上一方，以下单称“股东”，合称“协议各方”。）

甲、乙双方经自愿、平等和充分协商，就本协议项下项目的有关事宜，依据

《中华人民共和国公司法》（以下简称《公司法》）《中华人民共和国合同法》（以下简称《合同法》）等有关法律规定，达成如下协议，以资各方信守执行。

1.公司及项目概况

1.1 公司概况

公司名称为：＿＿＿＿＿＿＿＿＿＿＿＿，统一社会信用代码/注册号：＿＿＿＿＿＿＿＿＿，注册资本为人民币（币种下同）：＿＿＿＿＿＿＿＿万元，公司的住所、法定代表人、经营范围、经营期限等主体基本信息情况，以《公司章程》约定且经市场监督管理局登记规定为准。

1.2 项目概况及公司战略

公司战略：＿＿＿＿＿＿＿＿＿＿＿＿＿＿＿＿＿＿＿＿＿＿＿＿＿＿＿＿

＿＿＿＿＿＿＿＿＿＿＿＿＿＿＿＿＿＿＿＿＿＿＿＿＿＿＿＿＿＿＿＿

未来一年内公司需要完成目标：＿＿＿＿＿＿＿＿＿＿＿＿＿＿＿＿＿＿

＿＿＿＿＿＿＿＿＿＿＿＿＿＿＿＿＿＿＿＿＿＿＿＿＿＿＿＿＿＿＿＿

2.分工及职责

甲方：＿＿＿＿＿＿＿＿＿＿＿＿＿＿＿＿

任职岗位：＿＿＿＿＿＿＿＿＿＿＿＿＿＿

岗位职责：

1）＿＿＿＿＿＿＿＿＿＿＿＿＿＿＿＿＿＿

2）＿＿＿＿＿＿＿＿＿＿＿＿＿＿＿＿＿＿

3）＿＿＿＿＿＿＿＿＿＿＿＿＿＿＿＿＿＿

其他职责：

1）＿＿＿＿＿＿＿＿＿＿＿＿＿＿＿＿＿＿

2）＿＿＿＿＿＿＿＿＿＿＿＿＿＿＿＿＿＿

乙方：＿＿＿＿＿＿＿＿＿＿＿＿＿＿＿＿

任职岗位：＿＿＿＿＿＿＿＿＿＿＿＿＿＿

岗位职责：＿＿＿＿＿＿＿＿＿＿＿＿＿＿

1）＿＿＿＿＿＿＿＿＿＿＿＿＿＿＿＿＿＿

2）________________________________

3）________________________________

其他职责：

1）________________________________

2）________________________________

完成标准：

1）________________________________

2）________________________________

3）________________________________

3.股权结构安排

3.1　各方约定如下：

1）________________________________

2）________________________________

3）________________________________

4）________________________________

5）________________________________

6）其他约定：

____

____

3.2　公司在发展过程中，如前期投入仍不能满足公司资金需要，则甲、乙双方应按各自股权比例追加投资，不愿意出资的，则其股权比例根据追加投资作出相应稀释调整。

其他约定：

____

____

3.3　各方约定，公司召开股东会议需准时参加，如有迟到或未到，则视为放弃表决权，且不因该股东未参加股东会议而影响股东会决议的生效。

股东不能参加股东会议而委托其他股东代为行使表决权的，该股东应当向受托股东出具书面《授权委托书》，《授权委托书》应当载明委托内容、委托期限、受托人姓名等信息。

定期股东会议时间为每年______次；具体时间为每年______月______日、______月______日。

具体约定：

______

______

如遇下列事务急需处理，持有______%以上有效表决权的股东可以提议召开临时股东会议：

1）______

2）______

3）______

临时股东会议由发起临时股东会股东通知。

4.股权稀释

4.1　如因引进新股东需出让股权的，则按以下第______种方式处理：

1）由股东按股权比例转让；

2）增资扩股后按股权比例稀释；

3）其他：______

4.2　如因融资或设立股权激励池需稀释股权的，则按以下第______种方式处理：

1）由股东按股权比例转让；

2）增资扩股后按股权比例稀释；

3）其他：______

4.3　其他约定：______

5.股权激励管理约定

甲、乙双方一致同意：______

6.股东权利与义务

6.1　股东的权利

1）了解公司的工作进展情况；

2）了解公司的财务状况；

3）其他约定：

____

____

6.2　股东的义务

1）甲、乙双方按照本协议的约定，根据各自分工，履行股东的勤勉义务，完成公司各项任务，达成相应指标。

2）其他约定：

____

____

7.表决权约定

7.1　专业事项

1）对于股东负责的专业事务，公司实行“专业负责制”原则，由负责股东陈述提出意见和方案，如无反对意见的，则由负责的股东执行；

2）其他约定：

____

____

7.2　特殊事项

1）审议批准公司对外投资或收购公司的方案及预算；

2）聘任或者解聘公司总经理，决定其报酬事项；

3）聘任或者解聘公司财务人员，决定其报酬事项；

4）公司增加或减少注册资本；

5）公司的分立、合并、组织变更、解散和清算；

6）《公司章程》的修改；

7）审议批准股权激励计划；

8）对公司向其他企业投资、贷款或者提供担保的事项作出决议的；

9）审议批准公司购买、出售重大资产事项的；

10）其他：________________________________

全体股东一致同意，授权______针对上述7.2条约定事项具有一票否决的权利。

如产生如下任一后果，则上述一票否决权自行失效：

1）____

2）____

3）____

7.3 其他约定

____

____

8.财务及盈亏承担

8.1 财务管理

1）公司应当按照有关法律、法规和《公司章程》的规定，规范财务和会计制度。

2）其他约定：

____

____

8.2 盈亏分配

1）公司利润和亏损，原则上由甲、乙双方按股权比例分享和承担。

2）经甲、乙双方一致同意，公司______年至______年利润分配方案如下：

____

____

8.3 财务公开

1）各方约定：______（自然年）分红______次。

2）财务公开透明：各方约定财务负责人将财务收支明细按（自然年）度发送至股东邮箱，各股东对财务有任何异议，可书面或口头向财务提出，财务人员负责解释，直至提升至股东会。

3）股东可将财务报表提交会计师事务所审计，如审计后存在财务问题，费用由公司承担。如审计后无问题，费用由发起审计股东承担。

4）其他约定：

____

____

9.股权锁定和处分

9.1 股权锁定

为保证项目的稳定，甲、乙双方一致同意：自本协议签订之日起3年内，乙方未经甲方同意，不得向本协议外任何人以转让、赠与、质押、信托或其他任何方式，对其所持有的公司股权进行处置或在其上设置第三人权利。如有发生则视为其自愿以______元价格转让其所有股权给甲方（或法律允许的最低价格）。

9.2 股权转让

乙方如确实需要对外转让股权的，应当征得甲方书面同意，且甲方享有优先受让权。

9.3 股权分割

各方同意：公司存续期间，乙方离婚，若其股权被认定为夫妻共同财产，其配偶不能取得股东地位。其股权交由公司指定的评估机构进行评估（评估费用由乙方承担），并由乙方对其配偶进行分配补偿，否则，甲方有权按照本协议12.2条约定的最低价格回购其配偶的股权。

9.4 股权继承

各方同意：如乙方去世，则其继承人不能继承取得股东资格地位，仅继承股东财产权益；股权遗产财产权益，交由公司指定的评估机构进行评估（评估费用由公司承担），甲方有权按评估价格回购。

9.5 其他约定

____

____

10.股东的引入

10.1 非投资人股东的引入

如因项目发展需要引入非投资人股东的，必须满足以下条件：

1）该股东专业技能与现有股东互补而不重叠；

2）该股东需经过拥有__________表决权股东通过；

3）所需出让的股权比例由拥有__________表决权股东通过；

4）该股东认可本协议条款约定；

5）其他：____________________________

10.2 投资人股东的引入

____

____

11.股权成熟

11.1 甲、乙双方同意各自所持有的公司股权自本协议签署之日起满4年成熟，后每年成熟25%。

（本协议中股权成熟是指为了保障项目的长期性、稳定性，及对团队的激励性而附条件的限制股东权利的一种约束机制。）

11.2 未成熟的股权，仍享有股东的分红权，但不能进行任何形式的股权处分行为，且未成熟股权受本协议股权回购条款的限制。

12.股东退出及价格约定

12.1 在本协议签署之后，乙方触发以下任一回购事件的，则甲方有权回购乙方的全部股权：

1）因故意或重大过失给公司造成重大损失超过_____万元（含）的；

2）被判处承担刑事责任的；

3）违反本协议约定的其他义务的；

4）其他：______________________________

12.2　回购价格由甲、乙双方协商，协商不一致的，以提出回购时标的股权对应的以下四种价格较低者为准：

1）其所持股权所对应的公司最近一次股权融资的估值的____%；

2）截至回购时，被回购方实际出资额；

3）公司最近一期净资产价格；

4）其他：______________________________

12.3　乙方在股权成熟后，如需股权退出，退出价格由双方协商，协商不一致的，以提出回购时标的股权对应的以下四种价格较高者为准：

1）其所持股权所对应的公司最近一次股权融资的估值；

2）截至回购时，被回购方实际出资额；

3）公司最近一期净资产价格；

4）其他：______________________________

____

12.4　回购方可以以发出书面通知的方式行使回购权，被回购方须在收到通知后30个工作日内配合办理股权回购相关事项，否则视为违约，承担违约责任。

13.一致行动

在公司引入投资人股东后，在涉及如下决议事项时，协议各方应作出相同的表决决定：

1）公司发展规划、经营方案、投资计划；

2）公司财务预决算方案，盈亏分配和弥补方案；

3）修改《公司章程》，增加或减少公司注册资本，变更公司组织形式或主营业务；

4）制定、批准或实施任何股权激励计划；

5）董事会规模的扩大或缩小；

6）聘任或解聘公司财务负责人；

7）公司合并、分立、并购、重组、清算、解散、终止公司经营业务；

8）其余甲、乙双方认为的重要事项。

协议各方意见不一致时，以甲方的意见为最终表决意见。

14.竞业限制

14.1 股东在职期间及离职后2年内，不得以自营、合作、投资、被雇佣、为他人经营等任何方式，从事与公司相同或类似或有竞争关系的产品或服务的行为，且应另行签订《竞业禁止协议》。

14.2 如违反上述约定，所获得的利益无偿归公司所有，如仍持有公司股权的，应将其持有的股权以______元的价格（或法律允许的最低价格）转让给其余股东。

15.保密

15.1 各方在商谈本协议过程中已经或将要提供给另一方的包括但不限于技术、财务和商业等方面的任何信息，另一方应给予保密，不得向第三方披露。

15.2 因法律法规规定或应政府部门、司法机关、仲裁机构要求披露相关信息的，上述禁止不适用。但如在法律允许的情形下，被要求披露信息的一方应于采取任何披露行动前书面告知另一方。

16.项目终止、公司清算

16.1 如因政府、法律、政策等不可抗力因素导致本项目终止，协议各方互不承担法律责任。

16.2 经股东表决通过后可终止公司经营，协议各方互不承担法律责任。

16.3 本协议终止后：

1）由股东共同对公司进行清算，必要时可聘请中立方参与清算；

2）若清算后有剩余，股东须在公司清偿全部债务后，方可要求返还出资，按出资比例分配剩余财产；

3）若清算后有亏损，协议各方以出资比例分担，遇有股东须对公司债务承担连带责任的，各方以出资比例先行偿还，然后予以追偿。

17.拘束力

本协议是甲、乙双方的真实意思表示，如与《公司章程》及修正案约定不一致的，在甲、乙双方范围内以本协议约定为准。

18.违约责任

甲、乙双方若违反或不履行本协议、《公司章程》约定的义务，须向守约方承担违约责任，并赔偿公司与守约方的一切经济损失。

19.争议解决

因本协议及本项目发生的争议，协商不成的，任一股东有权向____________________提起诉讼。

20.通知

协议各方一致确认：各自在本协议载明的通讯地址、手机号码、电子邮件、微信均为有效联系方式，通知约定如下：

1）向对方所发出的书面通知自对方签收或被退回之日视为送达；

2）所发出的手机短信、微信信息或邮件，自发出之时，视为送达；

3）在公司公告栏或网站发布公告，自发布之日起15日内，视为送达；

4）在各方约定的报纸名称刊登公告之日起30日内，视为送达；

5）因意外遗漏未向某有权得到通知的人送出通知或者因意外等原因，致使受通知人没有收到通知，相关会议及会议作出的决议并不因此无效。

21.生效及其他

21.1　本协议经协议各方签署后生效。

21.2　公司的具体管理体制由《公司章程》另行予以规定；本协议长期有效，除非全部股东另行签署新的股东协议。

21.3　未尽事宜，由协议各方另行协商，补充协议与本协议具有同等法律效力。

21.4　本协议一式______份，协议各方各持______份，报公司备案______份，每份具有同等法律效力。

（以下无正文，为《有限公司股东协议》签署页）

甲方：________________

时间：________________

地点：________________

乙方：________________

时间：________________

地点：________________

扩展阅读

股东会决议示例

××有限责任公司股东会决议书

根据《中华人民共和国公司法》和《中华人民共和国公司章程》的有关规定，公司股东会于______年______月______日以书面形式作出以下决议：

1.批准股权激励计划

股东会已收到并审阅了××有限责任公司《中华人民共和国股权激励计划》（简称《股权激励计划》），公司全体股东一致同意通过该股权激励计划。

2.激励股权池数额

全体股东一致同意，为方便实施股权激励计划，将公司全部注册资本模拟成合计______股票。其中______股票作为本计划下的激励股权池，占公司______的股权，用于向员工和顾问发放激励股权。激励股权由______根据股权激励计划的规定代持。

3.放弃优先受让权

全体股东一致同意，公司根据股权激励计划及相关协议的规定向被授予人授予或回购激励股权等时，全体股东均放弃优先受让权/优先购买权。

4.授权

全体股东一致同意，（1）授权公司____________作为管理机构，负责股权激励计划的具体实施与管理；（2）除修改激励股权池的总数量需股东会同意外，对于与股权激励计划有关的所有事项，管理机构拥有最终决定权，作出的决议具有终局效力。

5.不一致的内容

全体股东一致同意，股权激励计划及相关协议的规定与公司章程规定不一致的，则视为对章程规定的修改，且全体股东同意该项修改，并同意以股权激励计划及相关协议的规定为准。

全体股东签字或盖章：

____

____

日期：______年______月______日

扩展阅读

股东会议事规则范例

股东会议事规则

1.总则

①为了完善公司法人治理结构，规范股东会的运作程序，以充分发挥股东会的决策作用，根据《中华人民共和国公司法》等相关法律、法规及《公司章程》的规定，特制定如下公司股东会议事规则。

②本规则是股东会审议决定议案的基本行为准则。

2.股东会的职权

2.1 股东会是公司的权力机构，依法行使下列职权

①决定公司经营方针和投资计划；

②选择和更换董事，决定有关董事的报酬事项；

③选举和更换由股东代表出任的监事，决定有关监事的报酬事项；

④审议批准董事会的报告；

⑤审议批准监事会的报告；

⑥审议批准公司的年度财务预算方案、决算方案；

⑦审议批准公司的利润分配方案和弥补亏损方案；

⑧对公司增加或者减少注册资本作出决议；

⑨对公司发行公司债券作出决议；

⑩对公司合并、分立、解散和清算等事项作出决议；

⑪修改《公司章程》；

⑫对公司聘用、解聘会计师事务所作出决议；

⑬审议单独或者合并享有公司有表决股权总数25%以上的股东或者1/3以上董事或监事的提案；

⑭对股东向股东以外的人转让出资作出决议；

⑮审议法律、法规和《公司章程》规定应当由股东会决定的其他事项。

3.股东会的召开

3.1 股东会

股东会分为年度股东会和临时股东会。年度股东会每年至少召开一次，应当于上一会计年度结束后的十日之内举行。

3.2 临时股东会

有下列情形之一的，公司在事实发生之日起1个月以内召开临时股东会：

①董事人数不足《公司法》规定的法定最低人数，或者少于《公司章程》所定人数的2/3时；

②公司未弥补的亏损达股本总额的1/3时；

③单独或者合并享有公司有表决权股权总数25%以上的股东书面请求时；

④1/3以上董事认为必要时；

⑤1/3以上监事提议召开时；

⑥《公司章程》规定的其他情形。

前述第3项持股股数按股东提出书面要求日计算。

3.3 临时股东会只对会议召开通知中列明的事项作出决议

3.4 股东会招集与主持

股东会会议由董事会依法召集，董事长主持。董事长因故不能履行职务时，由董事长指定的副董事长或其他董事主持；董事长和副董事长均不能出席会议，董事长也未指定人选的，由董事会指定1名董事主持会议；董事会未指定会议主持人的，由出席会议的股东共同推举1名股东主持会议；如果因任何理由，该股东无法主持会议，应当由出席会议的享有最多表决权股权的股东（或股东代理人）主持。

3.5 书面通知

召开股东会，董事会应当在会议召开15日以前以书面方式通知公司全体股东。

3.6 股东会会议通知包括以下内容

①会议的日期、地点和会议期限；

②提交会议审议的事项；

③以明显的文字说明：全体股东均有权出席股东会，并可以委托代理人出席会议和参加表决，该股东代理人不必是公司的股东；

④有权出席股东会股东的股权登记日；

⑤投票授权委托书的送达时间和地点；

⑥会务常设联系人姓名、电话号码。

3.7 股东可以亲自出席股东会，也可以委托代理人出席和表决

股东应当以书面形式委托代理人，由委托人签署或者由其以书面形式委托的代理人签署；委托人为法人的，应当加盖法人印章或由其正式委托的代理人签署。

3.8 个人股东亲自出席会议的，应出示本人身份证和持股凭证；代理人出席会议的，应出示本人身份证、授权委托书和持股凭证。

法人股东应有法定代表人或者法定代表人委托的代理人出席会议。法定代表人出席会议的，应出示本人身份证，能证明其具有法定代表人资格的有效证明和持股凭证；委托代理人出席会议的，代理人应出示本人身份证、法人股东单位的法定代表人依法出具的授权委托书和持股凭证。

3.9 股东出具的委托他人出席股东会的授权委托书应当载明下列内容

①代理人的姓名；

②是否具有表决权；

③分别对列入股东会议程的每一审议事项投赞成、反对或弃权票的指示；

④对可能纳入股东会议程的临时提案是否有表决权，如果有表决权应行使何种表决权的具体指示；

⑤委托书签发日期和有效期限；

⑥委托人签名（或盖章）。委托人为法人股东的，应加盖法人单位印章。

委托书应当注明如果股东不作具体指示，股东代理人是否可以按自己的意思表决。

3.10 委托书操作事宜

投票代理委托书至少应当在有关会议召开前24小时备置于公司住所，或者

召集会议的通知中指定的其他地方。委托书由委托人授权他人签署的，授权签署的授权书或者其他授权文件应当经过公证。经公证的授权书或者其他授权文件和投票代理委托书，均需备置于公司住所或者召集会议的通知中指定的其他地方。委托人为法人的，由其法定代表人或者董事会其他决策机构决议授权的人作为代表出席公司的股东会议。

3.11　签名册

出席会议人员的签名册由公司负责制作。签名册载明参加会议人员姓名（或单位名称）、身份证号码、住所地址、享有或者代表有表决权的股权数额、被代理人姓名（或单位名称）等事项。

3.12　1/3以上董事或者监事以及股东要求召集临时股东会的，应当按照下列程序办理

①签署一份或者数份同样格式内容的书面要求，提请董事会召集临时股东会，并阐明会议议题。董事会在收到前述书面要求后，应当尽快发出召集临时股东会的通知。

②如果董事会在收到前述书面要求后10日内没有发出召集会议的通告，提出召集会议的董事、监事或者股东，可以在董事会收到该要求后两个月内自行召集临时股东会。召集的程序应当尽可能与董事会召集股东会会议的程序相同。董事、监事或者股东因董事会未应前述要求举行会议而自行召集并举行会议的，由公司给予股东或者董事、监事必要协助，并承担会议费用。

3.13　股东会召开时间变更

股东会召开的会议通知发出后，除有不可抗力或者其他意外事件等原因，董事会不得变更股东会召开的时间；因不可抗力确需变更股东会召开时间的，不应因此而变更股权登记日。

3.14　临时股东会

董事会人数不足《公司法》规定的法定最低人数，或者少于《公司章程》规定人数的2/3，或者公司未弥补亏损额达到股本总额的1/3，董事会未在规定期限内召集临时股东会的，监事会或者股东可以按照本规则规定的程序自行召

集临时股东会。

3.15　公司董事会可以聘请律师出席股东会，对以下问题出具意见

①股东会的召集、召开程序是否符合法律法规的规定，是否符合《公司章程》；

②验证出席会议人员资格的合法有效性；

③验证年度股东会提出新提案的股东的资格；

④股东会的表决程序是否合法有效。

3.16　其他

公司董事会、监事会应当采取必要的措施，保证股东会的严肃性和正常程序，除出席会议的股东（或代理人）、董事、监事、董事会秘书、高级管理人员、聘任律师及董事会邀请的人员以外，公司有权依法拒绝其他人士入场。

4.股东会提案的审议

4.1　提案内容

股东会的提案是针对应当由股东会讨论的事项所提出的具体议案，股东会应当对具体的提案作出决议。

董事会在召开股东会的通知中应列出本次股东会讨论的事项，并将董事会提出的所有提案的内容充分披露。需要变更前次股东会决议涉及的事项的，提案内容应当完整，不能只列出变更的内容。

列入“其他事项”但未明确具体内容的，不能视为提案，股东会不得进行表决。

4.2　股东会提案应当符合下列条件

①内容与法律、法规和《公司章程》的规定不相抵触，并且属于公司经营范围和股东会职责范围；

②有明确议题和具体决议事项；

③以书面形式提交或送达董事会。

4.3　新提案

公司召开股东会，单独或者合并享有公司有表决权股权总数的25%以上的股东，有权向公司提出新的提案。

4.4 提案审查

董事会应当以公司和股东的最大利益为行为准则，依法律、法规、《公司章程》的规定对股东会提案进行审查。

4.5 解释和说明

董事会决定不将股东会提案列入会议议案的，应当在该次股东会上进行解释和说明。

4.6 在年度股东会上，董事会应当就前次年度股东会以来股东会决议中应由董事会办理的各事项的执行情况向股东会作出专项报告，由于特殊原因股东会决议事项不能执行，董事会应当说明原因

5.股东会提案的表决

①股东（包括股东代理人）以其出资比例行使表决权。

②股东会采取记名方式投票表决。

③出席股东会的股东对所审议的提案可投赞成票、反对票或弃权票。出席股东会的股东委托代理人在其授权范围内对所审议的提案投赞成票、反对票或弃权票。

④股东会对所有列入议事日程的提案应当进行逐项表决，不得以任何理由搁置或不予表决。年度股东会对同一事项有不同提案的，应以提案提出的时间顺序进行表决，对事项作出决议。

⑤董事、监事候选人名单以提案的方式提请股东会决议。股东会审议董事、监事选举的提案，应当对每一个董事、监事候选人逐个进行表决。改选董事、监事提案获得通过的，新任董事、监事在会议结束之后立即就任。

6.股东会的决议

6.1 股东会决议分为普通决议和特别决议

股东会作出普通决议，应当由代表1/2以上表决权的股东通过。

股东会作出特别决议，应当由代表2/3以上表决权的股东通过。

6.2 下列事项由股东会以特别决议通过

①公司增加或者减少注册资本；

②发行公司债券；

③公司的分立、合并、解散和清算；

④《公司章程》的修改；

⑤《公司章程》规定和股东会以普通决议认定会对公司产生重大影响的、需要以特别决议通过的其他事项。

上述以外其他事项由股东会以普通决议通过。

6.3 股东会决议应注明出席会议的股东（或股东代理人）人数、所代表股权的比例、表决方式以及每项提案表决结果。对股东提案作出的决议，应列明提案股东的姓名或名称、持股比例和提案内容

6.4 股东会各项决议应当符合法律和《公司章程》的规定。出席会议的董事应当忠实履行职责，保证决议的真实、准确和完整，不得使用容易引起歧义的表述

6.5 股东会应有会议记录。会议记录记载以下内容

①出席股东会的有表决权股权数，及其占公司总股本的比例；

②召开会议的日期、地点；

③会议主持人姓名、会议议程；

④各发言人对每个审议事项的发言要点；

⑤每一表决事项的表决结果；

⑥股东的质询意见、建议及董事会、监事会的答复或说明等内容；

⑦股东会认为和《公司章程》规定应当载入会议记录的其他内容。

6.6 股东会会议记录由出席会议的董事和记录员签名，并作为公司档案由董事会秘书保存，公司股东会记录的保管期限为自股东会结束之日起三年

7.附则

①股东会的召开、审议、表决程序及决议内容应符合《公司法》《公司章程》及本议事规则的要求。

②对股东会的召集、召开、表决程序及决议的合法性、有效性发生争议又无法协调的，有关当事人可以向人民法院提起诉讼。

③本规则经股东会批准后实行，如有与《公司章程》冲突之处，以《公司章程》为准。

④本规则由股东会负责解释和修改。

股改企业：股改定江山

很多企业为了更好地发展，就进行了股改。所谓股改，就是上市公司的股份制改造，即对其他类型企业原有的资本结构、组织形式、经营管理模式或体制，改制成为有限公司或股份公司。

1.股改的好处

企业进行股改，是其走向公众视野并进入资本市场的起点。其他类型的企业改制为有限公司或股份公司，主要因为股改后的企业能够获得以下好处：

（1）实现资本证券化

股份公司能够有效集中社会中的闲散资本，便于企业的并购和资产的充实，可以实现资本证券化，使得企业股票能够实现大范围自由转让。

（2）实现同股同权

在股改之前，公司在不同的发展阶段给股东的权利不一样。股改后，全部股权变得可流通，对所有股东来讲，权利都是一样的。比如，在股改之前，公司赚不赚钱，股东都可以稳坐钓鱼台。股改后，如果公司业绩不好，很有可能会因为股价太低而被别人收购，股东自然也位置难保。

（3）规范公司治理结构

改革的目的就是推翻旧制，建立新制。企业进行股份制改造，可以实现投资主体多元化、产权关系明细化、管理科学化、决策民主化。企业的股东大会、董事会、监事会、总经理等的分权架构，将公司直接置于市场竞争与监督之下，企业的经营状况随之变得透明化，企业价值能够时刻受公众关注，有利于提升企业的竞争意识和管理水平，促进企业的整体发展。

（4）优化资源配置

股改后，企业产品的归属更加明确，便于资产在大范围内自由流动，有利于突破部门、地区和所有制的界限，使得各部门、地区的资源配置实现最优化。

（5）确立法人财产权

将出资者所有权与企业法人财产权分离，这是一些规范性较强的公司才能做到的。公司法人财产具有独立性，是企业参与市场竞争的首要条件，也是企业作为独立民事主体存在的基础。企业股改后的有限公司或股份公司中，法人独立地享有财产权。

2.股改前准备

（1）明确企业组织形式

企业股改后，组织形式必然会发生变化，可以有两种选择：一种是有限公司，另一种是股份公司。

①有限公司。

如果股本规模达不到《公司法》规定，即股本相对较小与股本相对较大的企业，一般会选择将企业组织形式改为有限公司。

如果从审批手续便捷程度以及法人治理结构的复杂程度来选，更为便捷和简单的要数有限公司。

②股份公司。

对于股本大于2000万的企业，可以选择将企业组织形式改为股份公司。

将来可能达到上市公司条件的企业，应当尽量选择股份公司作为全新的组织形式。

（2）企业改制后股权的设置与选择

企业改制，是指企业所有制的改变，即国有企业、集体企业和乡镇企业改组为公司制的过程。

①根据股权形式划分。

根据股权形式划分，可以将股改后企业的股权分为普通股和优先股。

股改企业无论选择普通股还是优先股，都要因地制宜。

普通股：即有普通权利、承担普通义务的股票。普通股股东对公司的管理、收益享有平等的权利，可以根据公司经营效益来分红，其股利具有不确定性，风险较大。普通股股东对公司事务有表决权。

优先股：即享有优先权的股票。优先股股东可以优先于普通股股东分得的股利，其股利具有较强的确定性，风险较小。优先股股东对公司事务没有表决权。

②根据投资主体性质划分。

根据投资主体性质划分，可以将股改后企业的股权划分为国有股、法人股、个人股、外资股。

国有股：即国家授权的投资主体作为股东享有的股权。持有国有股的股利需要上缴。

法人股：法人股分为两种：一种是国有法人股，即具有法人资格的国有企业、事业单位依法占用法人资产或依法定程序取得的股份，其资本参股而具有一定的稳定性，且审批程序简便；另一种是社会法人股，即企业法人或具有法人资格的事业单位和社会团体，将其可支配的资产，向股份有限公司投资所形成的股份。

个人股：即个人投资形成的股份。

外资股：即以外币认购和买卖的股票。如果需要流通，则设置为B股（即境内上市外资股）、H股（即国企股）；如果不需要流通就可以设置为普通股。

（3）控股股东的选择

控股股东分为绝对控股和相对控股两种。

①绝对控股。

绝对控股，即股权占比大于50%。

②相对控股。

相对控股，即股权占比大于30%，包括单独或与他人合作持有公司股权30%以上，单独或与他人合作持有公司表决权30%以上。

3.股改流程

第一步，提交股改申请表，特别表明股改意图。

第二步，股改中心评审，即对企业申请进行合规性形式审查，其中包括资产、业务重组等。如果满足条件，则进入下一步；如果不满足条件，则待满足条件后，重新进行第一步操作。

第三步，如果审查通过，股改中心代办无形资产评估审批，企业需要出具财务、资产状况说明文件；法律、诉讼状况说明文件；企业合理化重组意见。评估审批通过后，股改中心就会与企业签订股改服务协议。

第四步，股改中心会向企业提交股改方案，经过企业新旧股东讨论和修改后，方可通过。

第五步，根据股改方案，股改中心指定有证券职业资格的会计事务所、律师事务所完成具有法律效力文件的制定，其中包括入场注册会计师出具的《审计报告》《验资报告》、入场律师出具的《法律意见书》、股改中心根据股东意见提供拟设的《股份有限公司章程》。

第六步，股份公司的股东就公司筹备和注册登记等重大事宜召开创立大会，选举非职工代表的董事、监事。由股改中心入场律师参与见证，并出具《见证书》。

第七步，股改中心代为办理股改所需的工商代理登记变更手续，并于完成变更登记后，在交易中心统一登记托管。在此过程中，企业需要提供原《有限责任公司章程》；股改中心可按照企业新旧股东要求拟定《股东会协议》；如涉及股权转让，股改中心可以提供相关的《股权转让协议》《股权转让见证书》等。

第八步，企业从公共事业行政管理部门领取《企业法人营业执照》后，股改完成。此时，需要财务募集设立方式公开发行股票，将股票发放给股东。还需要办理税务登记以及有关经营资质证书。

完成以上几步之后，企业股改顺利完成。股改后的企业可以进入正常运行阶段。

股权布局：利益与权力平衡的设计

如果说公司的组织架构布局是一种企业发展格局设计，那么公司股权布局则是一种利益与权力的设计。企业组织架构是企业内部的部门设置，代表的是部门与部门之间的关系；股权结构则是企业股东的构成成分，以及各股东之间的关系。

布局要点：权谋布局三大核心板块

股权布局，主要是对公司未来综合考虑，自上而下对公司整体股权架构进行规划。

1.股权布局三大要点

股权布局主要体现在资金股、人力股、资源股三方面的布局当中。

（1）资金股

一个企业的构成要素中，一方出钱另一方出力的情况很多。

很多人认为应按照出资比例划分股权比例，谁出资多，谁就占有更多的股权。这个前提是大家都能参与到企业的日常经营和管理过程当中，大家为了赚取更多的利润而共同努力。

但如今，很多企业中的投资者，他们只出钱，不出力。他们关心的是年底如何分红，自己能分到多少。这些出钱的人，可以理解为资金股东。他们往往只出钱不出力，不参与企业的经营，不能做公司大股东。

资金股是那些出资人靠资金购买的股权，而那些原始股东则是通过自己长期为公司服务才获得的股权。如果初创企业按照出资比例给出资较多的股东股份，那么对于那些全身心投入、为企业贡献价值和力量的人，则只能获得较小比例的股份。这样势必会引起那些又出钱又出力股东的不满，他们会认为自己辛苦劳动只是为那些出资多的人在打工，十分不利于公司的决策管理，更不利于企业的发展。

为了解决这个问题，可以考虑让投资型股东以较高价格购买企业股权，年底分红时，可以优先获得分红，以确保投资人的回报和资金的安全。

（2）人力股

一个公司，给员工的报酬分为内在报酬和外在报酬。内在报酬包括荣誉感、认同感、成就感等；外在报酬包括工资、奖金、人力股。

著名心理学家马斯洛的需求理论认为，人才的较低需求主要是外在报酬，更容易得到满足；而自我实现、自我发展这样较高层次的内在报酬则较不容易实现。

很多企业出现了职位高的员工人力股多的情况，而那些掌握良好技术的专业人才，他们当中很多人没有职位，所分得的人力股就很少，这对于他们来讲是十分不公平的。

正确的人力股分配，应当按照实际投入的价格来进行估值。即让那些在公司任职的人，按其在企业发展过程中出精力、花时间的贡献价值得到人力股权的分配。

（3）资源股

一个企业的发展，除了需要资金、人才之外，还需要借助各种资源来支撑。现实中，很多老板急于求成，往往为了吸引那些有资源的人加入而对其许诺较大比例的股权。

资源股，表面上看是根据为企业提供资源，包括各种客户资源、人脉资源等作为入股条件，但我们不能仅从表面看其拥有多少资源进行股权分配，而是要量化地进行考核，其资源能为公司转化多少效益。虽然股东手中掌握了大量资源，但无法给公司带来实实在在的价值和利益，这样你的大比例股权已然分出去，结果却枉然。

不妨给其虚拟股（即分红权）或项目提成，后期通过对其业绩、参与度、贡献度等各方面的考核，再出售股权，让其成为公司的股东。这样可以有效避免一些资源型股东未能兑现的情况。

2.合理进行股权布局

一家公司进行股权布局的过程中，资金股、人力股、资源股该如何合理分配呢？

以下案例给你想要的答案。

例如，一家合伙企业，有A、B、C三个合伙人。A作为资金股合伙人，没资源，不参与工作，出资50万元；B和C在公司做全职工作，各出资25万元，其中B没有资源，C有资源，是项目创始人，而且能力比B强。

设定资金股占总股数量的30%，人力股占30%，资源股占40%。这个比例是通过三位股东沟通，再结合公司是资金驱动还是资源驱动、人力驱动的特点，进行拟定和调整出来的，最终股东表决通过即可。最终，得到的股权分配是：

资金股分配：A的资金股=出资额×30%，即50÷100×30%=15%。

B和C的资金股=出资额×30%，即25÷100×30%=7.5%。

人力股分配：A不参与工作，所以没有人力股。

B的能力没有C的强，所以B的人力股可以分得10%。

C是创始人，且能力比B强，所以C可以分得20%的人力股。

资源股分配：A和B没有资源，所以两者的资源股全部属于C，C的资源股为40%。

所以，最终的股权分配方案如表1-2所示。

表1-2 某公司A、B、C三位合伙人的股权分配方案

合伙人	资金股	人力股	资源股	合计
A	15%	0	0	15%
B	7.5%	10%	0	17.5%
C	7.5%	20%	40%	67.5%

3.股权架构布局四大原则

一个合理的股权架构布局，需要遵循以下四大原则：

（1）有一个核心创始人

在股权架构布局当中，一定要有一个核心创始人。这个核心创始人要对整个公司的股权拥有足够的控制权。如果公司没有核心创始人的话，这个公司难以走得长远。

（2）预留一部分股权

企业在发展过程中会有很多变数，为了能够轻松应对，不会因为股权问题而头疼，就要事先预留一部分股权，以备不时之需。

预留的股权可以分给两类人：

①核心员工。

任何一个公司都需要大量人才。为了留住人才，除了提高员工工资之外，还会给员工很多福利。但能真正留住人才的，其实还是股权，股权激励是留住员工的最好方式。

②未来引进投资的人。

公司的运作和发展需要资金作为后盾。企业需要不断注入资金才能保证持续运作。吸引投资人就需要用到股权。有回报，安全有保障，投资人自然愿意为你的公司投资。

关于如何预留股权？该预留多少比例？这些问题在后文中会有详细阐述。

（3）利益结构要合理

很多人错误地认为：股权就是分红。其实不然。股权不等于分红权。拥有股权，除了享有分红权之外，还享有表决权、控制权、诉讼权等诸多权利。所以，在进行股权结构划分时，除了考虑收益，还应当考虑权利问题，要保持合理性。

（4）需要一个良好的利益冲突防止机制

很多时候，股东因为诸多原因离开了公司，却还拿着公司的股权去其他竞争对手那里工作，或直接另起炉灶。这样，他一方面占着你的股权，分着你的钱，另一方面却为其他竞争对手创利，或为自己创利，甚至把你的客户和资源全部挖走。为了避免这样的事情发生，公司就应当在进行股权架构布局的时候设定一些良好的利益冲突防止机制，如股权退出机制等，以免被他人钻了空子。具体在后文中有详细阐述。

布局逻辑：思想高于一切

电影《中国合伙人》中有这样一句话：千万不要和朋友、亲戚开公司。其实并不是不能开，而是要掌握一定的开公司要领和机制。开一家公司，大到合伙创业，小到亲戚合伙做生意，都应该掌握一点股权知识。否则遇到利益纠纷，再好的朋友、亲戚关系也会从此土崩瓦解，甚至还会反目成仇，对簿公堂。

为了避免这些不必要的麻烦，在进行股权架构布局之前，一定要明确几个布局逻辑。

1.大而不独

大而不独，是股权架构布局的第一条重要逻辑。

（1）“大”

所谓“大”，就是指公司的第一股东，其股份不得低于50%。

很多人和亲戚、朋友一起合伙创业开公司，因为碍着彼此之间的亲情、友情，便没有将股权分配比例摊开了说，而是干脆采取均分的方式，即两人合伙5：5分，三人合伙3：3：3分。

这种分配方法，显然每个人所享有的股权是均等的，但却缺少领导者。每个人的思想和认知是不同的，考虑和决策事情的方式和方法也会有所不同。如果大家人人都能做主，那么公司就不知道该向着什么方向发展了。所以，一个公司一定要有一个领导者，在整个公司的运营过程中，要有明确的话语权和主导权。

（2）“不独”

所谓“不独”，就是指公司的第二股东，其股份不得低于10%。如果一家合伙公司给合伙人的股份连10%都没有达到，那么你必定难以找到好的合伙人。

最好的股权结构比例可以是7：2：1，可以是6：3：1，可以是6：2：2

等。无论哪种比例，一定要保证大而不独。

2.先挣后给

很多人说自己有资源、有点子，但资源和点子在变现之前，并没有为公司创造价值，因此这类人不能享有股份。还有的人在拿到股份之后，就认为自己终于熬成了老板，就可以不干活了。

面对这两种情形，该怎么办？答案就是先挣后给。也就是员工用自己的时间和业绩去挣股权。

如何去挣股权呢？

（1）四年均分兑现

四年均分兑现，即承诺四年内把股权全部兑现，每年兑现25%。

（2）次年兑现一半，后两年平均兑现另一半

因为第一年时间较短，难以看出一个人的真正实力和业绩，等到第二年的时候，兑现50%，第三年和第四年，将剩余的50%进行平均后，每年兑现25%。

（3）分四年进行递增兑现

分四年进行递增兑现，即随着时间的增加，兑现占比也逐渐增加。简单来说，就是第一年兑现10%，第二年兑现20%，第三年兑现30%，第四年兑现40%。

（4）第一年兑现1/4，后三年每月兑现2.1%

第一年兑现25%后，剩余的三年里，每年兑现2.1%×12。这种方法给人一种每月都能拿股权的幸福感，让人觉得自己每个月都在向老板的方向靠近一点。

为了更加直观，请参考表1–3所示。

表1–3 先挣后给股权的方法

方法 \ 时间	第一年	第二年	第三年	第四年
四年每年均分兑现	25%	25%	25%	25%
次年兑现一半，后两年平均兑现另一半	0	50%	25%	25%
四年进行递增兑现	10%	20%	30%	40%
第一年兑现1/4，第二~第四年每月兑现2.1%	25%	2.1%×12	2.1%×12	2.1%×12

如果有人在没有坚持到四年就离职或散伙了，那么前面拿到的部分股权该怎么办？剩余的股票该如何更好地分配？这些问题，可以在合伙之前，就明确股权退出机制，并制定相应的股权调整机制，公司即便出现突发情况，也能保证健康发展。股权退出机制和股权调整机制会在后面的内容中进行详细阐述。

3.以增为减

股权架构布局的第三个逻辑就是以增为减。

当公司发展得越来越好，加入的合伙人越来越多的时候，之前虽然预留了一部分股权，但仍然会出现不够用的情况。此时该如何化解这样的尴尬呢？

如果让之前的合伙人每人拿出自己的一部分股权让给新加入的合伙人，那么之前的合伙人肯定不愿意。最好的方法就是增发股份，稀释大家的股权比例。然后再将稀释后的期权，用先挣后给的逻辑授予相关人员。

这种将股份稀释的方法，就是以增为减的方法。任何发展良好的公司，都会因为新合伙人的加入而进行股份稀释，这是所有公司发展的规律。

但这种方法看似原有持股者的股份被稀释了，但实际上却提升了股份的价值，原有持股者的身价也会随之提升。对于持股者来讲，未必是件坏事。

布局原则：按照最好路径更好地成长

股权架构的设计并不是随心所欲，自己怎么开心就怎么来，而是要站在更高的角度做全盘考虑，要从公司战略、管理效率和法律规定等方面进行多方位考量，在此基础上制定更加科学合理的股权架构，以确保股权架构能够推动公司朝着更加健康、高效、可持续的方向发展。

进行股权架构布局，一定要遵循以下原则。

1.战略导向原则

公司要做的每一项决定、制定的每一项规定，都应当以战略为先导。以此保证公司的每一个业务单元中都有明晰的愿景、目标和价值观。做股权架构布局也应当遵循这个原则。

2.聚焦公司效率原则

一个公司的发展必然会将效率作为整体关注的焦点，而不是简单地将目光聚焦于公司内部的某个业务板块。所以在进行股权架构布局的时候，也应当聚焦公司效率，围绕公司的核心竞争力，将公司内部和外部的价值链链接起来，加速实现公司的战略目标。

3.实质重于形式原则

股权架构布局的目的，是在保护股东及相关利益者权益的基础上，为企业内部增加利润再生的力量。所以，在规划股权架构的时候，应当更加注重实质性的方面，以经营战略和企业价值创造为核心，而非为了设计股权架构而设计，流于形式。

4.架构明晰简单原则

股权架构明晰，是指股东数量、股权比例、代持人、期权池的比例要清晰，做到科学配比。

股权架构简单，即股东人数不要太多。对于初创公司来讲，最科学的配置是3人。这样，几个股东在沟通的时候，就能有效避免尾大不掉的情况。图1-3是河南浩德郡澜置业有限公司的明晰简单股权架构图。

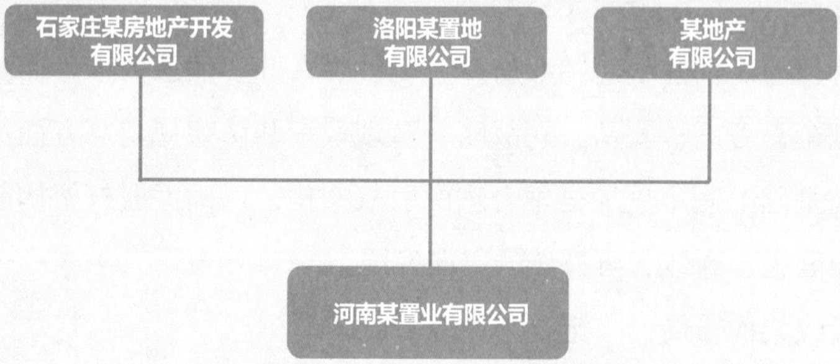

图1-3　河南某置业有限公司的明晰简单股权架构图

以上四条是股权架构布局中应当遵循的普适性原则。有了这几个原则，企业可以拿其衡量自己的股权架构，看其是否合理，是否存在改进空间。

影响企业生死的股权坑+避坑指南

很多创业者在生平第一次创业的时候，总是感性的。他们天真地认为创业就是大家走在一起共同奋斗，共同赚钱，共同分钱。

现实情况是，很多创业人开公司后往往并没有赚到钱，最终吃完散伙饭，各奔东西。散伙的原因有很多，如性格不能互补、能力不能互补、彼此之间心生嫌隙……但究其背后，关键在于设置的股权架构中，存在很多“坑”。也正是这些“坑”将企业推向了失败的境地。

一号坑：股权平分

很多人认为，大家都是合伙人，股权平分才是公平合理的。其实，股权平分是最差的股权结构。

虽然大家都是合伙人，都在为公司做贡献，但不同的人，对公司的贡献价值是不可能完全一样的。如果将股权平分，就意味着贡献价值较大的合伙人与贡献价值较小的合伙人享有相同的股权。这其实与他们贡献的价值是不对等的，对于股东来讲是不公平的。

股权平分，其实就是将股权静态化。也就是说，无论每个人对公司的贡献大小，每个人分得的股权份额都是稳定不变的。这样，贡献价值的人与不贡献价值的人都能享有相同的股份，助长了那些怠惰之人的不良风气，不利于整个公司的发展。

【避坑指南】

解决这个问题的最好方法，就是设置动态股权。

华为创始人任正非说：华为能够走到今天，主要得益于“分钱分得好”。

任何一个公司，都是在动态发展中不断成长与壮大的。静态的股权分配，是无法与动态发展的公司以及其所处的多变环境相适应、相匹配的。这样久而久之必然会因为静态的股权分配而引发公司内部矛盾，影响整体公司核心员工的战斗力和积极性。

动态股权，就是根据合伙人价值贡献的大小，对股权进行动态调整，使得股权达到长期动态优化的效果。

动态股权最大的特点就是公平。股东之间要商定一套考量规则，并保证其公开性与透明性，让所有人员都能实时看到彼此的贡献状态和享有的股权状态。

案例1　海底捞：从“平分”到“集权”，破局股权平分之痛①

海底捞从一个名不见经传的小餐饮店发展成如今的千亿餐饮帝国，其股权结构一直被业界津津乐道。但在海底捞发展之初，也犯下了股权平分这样的错。

1994年，4个青年凑了8000元就开始创业，在四川简阳开了一家火锅店。当时，这家火锅店规模很小，只能容下四张桌子。

2001年，这家火锅店以“四川海底捞有限公司”注册成立。股东就是创业之初的4个青年，分别是张勇及其妻子舒萍、施永宏和其妻子李海燕。整个公司的股权被4个人平分，分别占股25%，谁也没有对公司的控制权。

要知道，这样的股权结构是非常不合理的，在大家都说了算的情况下，是很容易出问题的，而且夫妻店也会制约公司的发展。所以，张勇很快就意识到了这些。为了避嫌，他早早就让自己的妻子离开了公司。在2004年，施永宏也让自己的妻子撤出了公司。此时，即便合伙人少了，但股权架构依然是平分形式，张勇和施永宏各占公司50%的股份。

2007年，张勇与施永宏经过几番商议后，施永宏将持有公司股份的18%，以13年前的出资额转让给了张勇。自此，张勇的股权从原来的50%，变为了

① 本案例根据互联网刊登的媒体报道内容整理而成。

68%，实现了对公司的绝对控制权。

也正是当初张勇从施永宏手中购买了18%的股份，才使得海底捞避免了进入股权平分的“死局”，才使得海底捞的发展能够蒸蒸日上。

【案例点评】

海底捞早期的股权分配方式，使得合伙人之间无法形成制约。如果两个人出现意见不合的情况，十分容易引发股权之争，导致鱼死网破的局面。因此，股权平分影响一个企业的生死，一定要避开这个坑。

二号坑：小股东称霸

正常情况下，企业的股东们在决定一件事情之前，都会以投票的形式进行表决。最终根据股权的占比来决定该表决是否通过。股东投资占比越大，在表决的时候所占有的优势越强。

有的初创企业，为了发展公司，会拉一些亲戚、朋友等加入。在公司实际运作的过程中，那些小股东却成了大股东的威胁。尤其在企业做大之后，当众人为了各自利益而发生争执时，小股东就跳出来“绑架”大股东，使得这场股权之战变得更加激烈。

例如，有一家新成立的公司，起初只有两位股东，其中一个占51%的股权，另一个占49%的股权。随着公司的发展和需要，引进了一位技术人才。这位技术人才也希望拥有公司股权。两个股东商议之后，每人拿出2%的股权，转让给这位技术人才。这样，三人的股权比例分别为：49%、47%、4%。

相信很多人都认为第三位股东拿着4%的股权，在公司的分量最轻，是个最小的股东。但没想到的是，当大股东和二股东之间发生矛盾时，三股东的4%加上二股东的47%，正好是51%，形成绝对控股之势，而大股东的股份只占49%，是相对控股。在这样的股权架构下，便形成了大股东和二股东说了都不算，反而小股东说了算的局面。这种情形对于公司的危害是十分严重的。

显然，好的股权结构是公司稳定发展的基础。不合理的股权架构，后患无穷。解决这个问题的办法有两个。

【避坑指南】

1.设置合理的股权分配比例

要想股东之间形成相互制衡的局面，合理的股权分配比例通常可以是4∶3∶3，也可以是4∶4∶2。

2.设置合理的治理结构

小股东称霸的背后，其实是因为公司没有设立一个健全的公司结构模型，没有对整个公司进行合理治理。

当前最常见的公司治理结构模式是“三会一层”“二会一层”。

三会一层，即股东会、董事会、监事会、经理层。

二会一层，即董事会、监事会、经理层。

这两种模式，都可以有效制约小股东气势的高涨，而且能有效推动企业的协调发展。

三号坑：按资入股

很多企业的股权布局，是按照出资比例进行股权分配的，这种方式叫作按资入股。这种股权分配方式其实也存在一定的不合理性。

如何来看待“按资入股”这个坑呢？我们先看一个案例。

有三个人合伙开一家健身馆，共需要100万元的创业资金。A投资50万元，拥有50%的股份；B投资30万元，拥有30%的股份；C投资20万元，拥有20%的股份。

从股权分配的合理性来看，这种股权分配方式的确没问题。但不合理的事情随着健身馆的进一步发展就显现出来了：A不仅是三个人中出资最多的，还要负责整个健身馆的所有日常事务和管理工作。B和C，两人除了创业初期各自出资之外，就很少去过健身馆，对健身馆的经营活动从来不闻不问，更是从不参与。但他们却按照最初的出资比例拿着分红。时间久了，A的心里就越来越感觉这样很不公平，自己不但出资最多，还干得最多，整个生意中，自己贡献价值最大，却没有得到对等的回报。

A为了生意100%操心和出力，在人力股方面，他应该占股100%；B和C只是出钱，并没有出力。所以这种按资入股的股权结构设计，完全不合理。久而久之，整个生意便会因为股权问题而陷入土崩瓦解的境地。

【避坑指南】

化解这样的问题，关键在于：在设计股权布局时，不仅要根据资金投入占比来分配股权，还应当考虑个人的贡献因素。这样设计出来的股权架构才更加合理，更有利于相关人员之间的团结合作。

四号坑：影子股东

很多时候，公司老板为了能从一些协会组织那里获得生意项目，就会给这些协会组织一些干股。这些协会组织会每年从公司获得一定的分红。我们将这类法人称之为“影子股东”。

具体来讲，“影子股东”就是那些一分钱也不用投资或用不符合法定出资形式的要素出资，却可以拿到很高分红的股东。这类股东往往利用自己的职权，以他人名义代持公司股份或依据代持股比约定享有公司一定比例的收益。

起初，由于公司的规模不够大，公司将干股分给协会组织也没有出现利益纠纷问题。但随着公司规模越来越大，一些问题就随之显现出来。

例如，A原本是一家大型企业员工，离职后他自己创办了一家环保涂料公司。公司包括A在内，还有B和C两位股东。B和C来自A原来所在的企业，两者都有一定的资源优势。在创业初期，为了能给公司带来更多的业务和项目，于是A拉来B和C入股，不但B和C一分钱不用出，还分别给B和C分配了15%和10%的股份。

等到A的公司做大做强之后，B和C作为两个影子股东，每年从A的公司里分得不少利润。而且只要公司一直存在，B和C就一直要从公司白白拿走25%的分红，A还不能把B和C得罪了。对于A来讲，这样的情况令其感到十分苦恼。真是请神容易送神难。

“影子股东”隐藏在企业名义股东背后，可能存在权钱交易等一系列问题。其实，任何一家公司，只要存在“影子股东”，就意味着这家公司存在不规范经营。这样的公司是难以上市并进行资本运作的。

【避坑指南】

为了不给自己带来不必要的麻烦，为了能让公司走得更远、走得更好，就需要坚决杜绝“影子股东”的存在。

五号坑：非出资股东

有的公司存在这样一类股东，这些股东并没有出资，也没有出钱购买企业的股份，却享有股东该享有的权利。这类股东就是非出资股东。

依据《公司法》第二十七条规定，股东出资的形式有两种：一种是货币形式出资，另一种是非货币形式出资，即技术抵出资、资源抵出资、能力抵出资等，也可以是汽车、房产等实物抵出资，或者土地使用权等抵出资，或者使用商标权、专利权、知识产权等抵出资。

无论何种非货币形式出资，都要保证抵出资物可以用货币估值，可以依法转让。

如果股东未以任何形式出资，那么他就是非出资股东。可以说这类股东是典型的“空手套白狼”型股东。

如果企业中存在这类股东，他们没有花一分钱，却白白得了公司的股份，而且还享有其他出资股东该享有的权利。那么试想一下，有几个人会对自己白白得到的东西加以珍惜？

只有付出才懂得收获的艰辛。没有付出的人，永远不知道用付出换来的回报对自己的意义有多么重大、价值有多高。所以，这类非出资股东，对公司的发展十分不利。

【避坑指南】

对于这类不出资却占有股份的股东我们该如何处理呢？

出资是股东的一项最基本义务。对于那些不出资却占有股权的股东，其他的股东可以联合起来要求该股东履行出资的责任，否则对公司的债务承担连带责任。借助这样的制约方法，可以有效规范股东更好地履行自己的职责，进而心安理得地享受自己的权益。

案例2 小米：合伙人制度下的股权分配①

小米是一家手机互联网公司，自2010年诞生至今，小米的业务已经遍及90个国家。历经八年时间，小米成功上市。这背后，隐藏的是小米全新合伙人制度下股权配置的秘密。

1.股东形式多元化

小米的合伙人机制支撑了小米的发展。在小米的合伙人机制下，小米的股东包括创业合伙人股东、事业合伙人股东、资本合伙人股东、生态合伙人股东，显然，小米的股东形式呈现出多元化的特点。

2.合理的股权比例

小米公司在招股说明书中披露：小米公司在上市之前，主要的股东持股比例是：董事长兼CEO雷军31.41%，总裁林斌13.33%，副总裁黎万强3.24%，副总裁黄江吉3.24%，副总裁洪峰3.22%，顺为创投CEO2.93%，副总裁刘德1.55%，副总裁周光平1.43%，副总裁王川1.11%，晨兴资本17.19%，DST7.01%，启明创投3.98%，其他10.36%，如图1-4所示。

① 本案例根据互联网刊登的媒体报道内容整理而成。

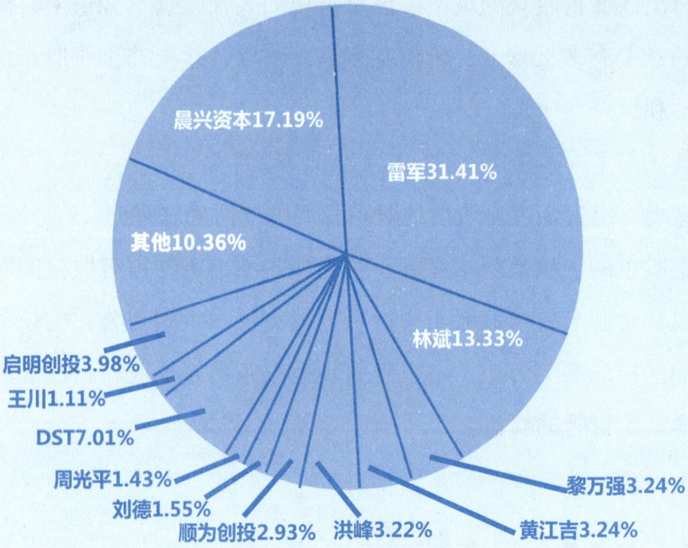

图1-4　小米公司上市前股东持股比例

小米的股权分配是“本土+海派”混搭的股权分配方式。这是保证小米合伙人团队长期稳定的基础。

3.核心股东有胸怀

雷军作为小米公司的创始人兼CEO，却只拿了31.41%的股份，这给未来更多优秀人才进入小米预留了大量空间和余地，这充分体现了雷军作为核心股东所具有的大胸怀。

4.AB股双层股权设计

公司分权，就是谁掌握公司的控制权。一般地，创始人普遍会持股51%以上，以实现对公司的控制。但有很多创始人，即便没有拿到51%的股权，也对公司有控制权。如阿里巴巴的马云只有7.8%的股权，却能控制阿里巴巴；任正非只有1.01%的股权，却可以控制整个华为。可见，虽然控制权获得的方法不同，但能达到相同的控制公司的目的。

小米上市后，雷军对公司采取的是AB股双层股权设计。这是一种同股不同权的股权设计方法。简单来讲，就是将股票分为A和B两类。A类股，1股有10个投票权；B类股，1股只有1个投票权。虽然两者股票相同，享有的权利却不同，这就是同股不同权。

小米集团的重大事项，需要3/4的股东表决同意才能通过；普通事项需要半数以上的股东表决同意才能通过。雷军有55.7%的投票权，因此可以决定普通事项；雷军和林斌共同拥有85.7%的投票权，可以决定重大事项。

有了这种双层股权设计，雷军就牢牢掌握了小米公司的控制权。

【案例点评】

小米的合伙制与以往的合伙制有所不同，它是在以往合伙制的基础上的一种创新，是基于新商业模式，对企业战略、组织与人的关系进行系统变革，从而凝聚了一批以雷军为首有追求、有意愿、有能力抱团打天下的“合伙人股东”。这也是小米能够不断壮大，并一步步走向辉煌的原因。

第二章

股权架构设计

西汉著名史学家、文学家司马迁在《史记》中有这样一句话："天下熙熙，皆为利来；天下攘攘，皆为利往。"尤其对于创业者来讲，追逐利益是人的本性。但君子爱财，取之有道。让公司的每一个人能够受到公平对待，拿到合理的报酬，这是对创始人智慧的一种考验。采用合理的股权架构设计，是一种有效而又明智的做法。

公司股权5条生命线

合伙人创业，难以绕过的一个话题就是股权比例划分。根据股东持股比例，又衍生出了诸多权利，如绝对控制权、相对控制权、一票否决权等。

股权比例的大小直接影响股东对公司的控制权和话语权，同时也影响股东的个人利益。一旦股东的权利和利益受到影响，就必然会在公司内部引发股权之争。毋庸置疑，股权划分是否合理直接决定公司的生死存亡。

绝对控制线——67%

公司遇到的一些重大事项，如公司的股本发生变化、公司增资与减资、修改《公司章程》、合并、变更主营项目等重大决策，需要获得2/3以上，即至少需要67%的票数支持才能通过。因此，我们将67%的票数支持称作绝对控制线。

需要注意的是：

①这里的“67%”，是指出席股东大会67%的股东表决通过，而不是所有股东中67%的股东。

②这里的“2/3以上”包括本数，即，可以是66.7%，也可以是66.67%。

相对控制线——51%

公司除解散、分立、合并、增资减资、变更形式之外的一些相对简单的事项决策，如独立董事的聘请、董事长的选举、审议机构的聘请、会计师事务所的聘请、总经理的聘请和解散等，需要获得1/2以上，即至少51%的票数支持才能通过。

需要注意的是：

①《公司法》中，只有股份有限公司中才有51%的表决条款。这也就意味着，对于有限责任公司而言，《公司法》并没有这样的规定，而是让股东们自行通过《公司章程》而定。

②有限责任公司在自由约定表决条款时，很多时候会出现“过半数”“半数以上”“1/2以上”的要求。这三者是有区别的。“过半数”并不包含50%；“半数以上”和“1/2以上”包含50%。所以，有限责任公司在约定表决条款的时候，一定要避免出现“半数以上”和“1/2以上”的约定，避免在召开股东大会时出现不必要的麻烦。

③在约定时，还需要明确是“股东人数51%”，还是“股东所持表决权51%”。这两种情况是不相同的。

一票否决线——34%

当全体参与董事会的股东中有1/3以上的股东表决权时，可以对董事会的决策提出异议。换句话说，当34%的股东对董事会决策提出异议时，就可以进行一票否决。

需要注意的是：

①安全控制线与绝对控制线是相对的。如果公司中一个股东持有1/3的股权，那么其他股东就无法达到2/3以上的表决权，那么这些公司事宜就无法通过。

②同样，33.4%、33.34%都可以作为一票否决线。

申请解散线——10%

当公司在经营过程中出现管理严重困难时，如果继续经营下去，会给股东的权利带来严重的损失，此时，持有公司全部股东表决权10%以上的股东，可以提出质询、调查、起诉、清算和申请解散。

需要注意的是：

这里的“10%”是公司全部股东表决权的10%以上。

要约收购线——30%

通过证券交易所的证券交易，收购人持有一个上市公司的股份数量达到该公司发行股份的30%时，还要继续增加所持股份，那么就需要发出全面更约或部分要约。而30%则被称为要约收购线，一旦触达30%这条线，上市公司就要被收购人按比例进行收购。

需要注意的是：

这里的要约收购线是针对上市公司而言的。

当股东的持股比例达到一定条件时，股东才能手握“重兵”，在维护公司生死的同时，更好地保护自身利益不受影响。因此，创业者必须厘清股权分配机制的重要性，才能将公司的蛋糕越做越大。

持股主体安排及设置方式

一个公司，其股票持有者可以包含多种类型，这是根据企业发展情况和需求进行股权分配的。股票按照持股主体来划分，分为国家股、法人股、自然人股、外资股四种。所以，股票的持有者通常包括机构、法人、自然人、外部投资人四类。

机构持股

国家股又称作政府股或机构股。国家股由国家财政机构投入全民所有制企业的资金构成，主要是固定资产和流动资金两部分。国家股在公司中占有主体地位，并拥有相对优势。

机构股是机构投资者发售的共同基金股票，而且只面向机构投资者，不面向个人投资者。在很多情况下，大部分机构股被用作一揽子交易[①]的一部分出售。作为购买大量股票的回报，该机构会收到一些价格折扣。机构投资者购买机构股的目的是进行长期投资，有效地为机构创造稳定的收入。而这部分收入是给其员工的退休计划预留的。为了不与其他股票类型混淆，将机构股称之为Y股。

机构股的股权持有者，称为机构股东。

1.机构股东持股条件

除了个人投资者之外，其他以机构形式存在的投资者都可以成为机构股东持有股份。机构股东就是参与股权买卖的各种金融机构，如公募基金、保险基金、社保资金、信托资金、银行资金、私募资金、券商资金、国家或团体设立

① 一揽子交易：也可以称作“一揽子解决”。一揽子交易，即在实践中，谈判各方对于那些尚存的由于利益相抵触的事情，都有意达成协议，但因为在某些问题上与他人存在争议，然而在估计大家利益的条件下，最终彼此妥协，在相关问题上基本达成一致意见。

的退休基金、合格境外投资者（QFII）等。

2.机构股东持股形式

机构股东所持的一般不是股票形式，而是全民所有制企业进行股份制改造的主要成分股。

3.机构股东的作用

机构股东的加入，由于其强大的资本实力和较多的股权份额，可以很好地从日常决策和市场操作等方面对大股东的违规行为进行制约和监督，为公司治理工作增加了新生力量。

4.机构股东持股比例

机构股东作为公司的机构投资者以及股权持有者，通常其持股比例较高是比较好的。但机构持股过多也不是好事。如果一只股票被一家机构持股80%，那么这种情况肯定是不利于整个公司发展的。

法人持股

法人股东持有法人股。法人股是企业法人或具有法人资格的事业单位或社会团体，凭借其依法可经营的资产，向公司非上市流通股权部分投资所形成的股份。法人股分为国有法人股和社会法人股两部分。如果该法人是国有企业、事业及其他单位，那么该法人股就是国有法人股；如果是非国有法人对上市公司进行投资，则形成的股份为社会法人股。

法人股的持有者是法人股东。法人不是自然人，是一种组织，既享有权利，也需承担义务。

《公司法》第13条规定：公司法定代表人依照《公司章程》的规定，由董事长、执行董事或经理担任，并依法登记。公司法定代表人变更，应当办理变更登记。

第14条规定：公司可以设立分公司。分公司应当向公司登记机关申请登记，领取营业执照。分公司不具有法人资格，其民事责任由公司承担。

法人是具有民事权利能力和民事行为能力、依法独立享有民事权利和承担民事义务的组织。

公司股东中，数量最多的一类是企业法人。法人不是必须持股的，法人可以不是公司的股东，可以不持股份，可以是持有股份的股东、董事长，也可以是无股份的公司经理等高层管理人员。

1.法人股东持股条件

法人持股在股份公司当中普遍存在，但有些时候，法人股东持股受到一定的限制，包含以下几方面：

①根据2010年9月1日起施行的《非金融机构支付服务管理办法》的规定，连续为金融机构提供信息服务2年以上，或连续为电子商务活动提供信息处理支持服务2年以上。

②因违法经营被吊销营业执照，自吊销营业执照之日起未满三年。

③因从事违法活动被司法机关立案调查，尚未结案的人。

④最近3年内因为利用支付业务实施违法犯罪活动，或违法办理支付业务受过处罚的人。

有以上情况的人，不能成为公司的法人股东。

2.法人股东持股的作用

法人股东持股，主要有两方面的作用：

（1）进行股权控制

自然人持股的情况下，如果对某项提案进行表决，必须经过自然人股东的同意。通常情况下，由于股权比较分散，因此在操作的过程中，获得自然股东的一致通过会有一定的难度。只要有其中一个股东，哪怕只持有很小一部分股权的股东不同意，该提案都不能通过。

要知道，聚齐所有自然人股东是非常困难的，征得所有股东的同意，更是难上加难。

有了法人股东，则可以有效解决这些难题，有利于增强股权的控制力。《公司法》规定：重大事项需要3/4的股东表决同意才能通过；普通事项需要超过1/2以上的股东表决同意才算通过。这就意味着，无论重大事项还是普通事项，只要表决通过，那么那些有异议的意见都被过滤掉了。公司法人本身就代表一个组织，法人所表达的意见就是少数服从多数后的讨论结果，因此，那些有异议的股东不会对法人股东的决策带来任何影响，有利于公司进行股权控制。

（2）便于股权调整

投资人获得股权后，一般是不可以要求退股的。《公司法》第35条规定：公司成立后，股东不得抽逃出资。①

但《公司法》第74条和第142条规定了相关退股条件，在这些条件下，才能请求公司回购股权。在公司有股权调整需求的时候，自然人股东为了维护自身的利益，是不愿意配合的，此时给公司的股权调整工作带来了极大的阻碍。

法人股东则可以化解这样的阻碍。调整法人股东的股权，可实施性很强，又易操作和实现，有效提升了股权调整效率。

（3）便于扩大公司规模

我国2011年7月1日起施行的《国家税务总局关于企业所得税若干问题的公告》第5条的内容是："投资企业撤回投资或减少投资，其取得的资产中，相当于初始资金的部分，应确认为投资回收；相当于被投资企业累计未分配利润和累计盈余公积，按减少实收资本比例计算的部分，应确认为股息所得；其余部分确认为投资资产转让所得。"在这样的政策下，法人股东如果撤资，还可以享受部分免税待遇。

法人股东可以利用分红免税政策，将分得的红利不断在持股公司积累，而该持股公司可以作为投资控股公司，再根据实控人的商业决策考量，去投资设立不同的公司。这对于整个公司来讲，相当于其业务链条得到了延展，其公司规模在一定程度上得到了进一步扩大。

3.法人股东股权分红

法人股东股权分红，无需缴纳企业所得税。

---

① 抽逃出资：是指公司在验资注册后，股东将所缴出资暗中撤回，却仍保留股东身份和原有出资数额的一种欺诈性违法行为。

4.法人股东股权转让

法人股东持股的最显著弊端，就是在股权转让[①]的情况下，需要缴纳较高的转让所得税。

《国家税务总局关于企业所得税核定征收有关问题的公告》第2条规定："依法按核定应税所得率方式核定征收企业所得税的企业，取得的转让股权（股票）收入等转让财产收入，应全额计入应税收入额，按照主营项目（业务）确定适用的应税所得率计算征税；若主营项目（业务）发生变化，应在当年汇算清缴时，按照变化后的主营项目（业务）重新确定适用的应税所得率计算征税。"

通常，以法人名义进行股权转让，法人股东需要按照企业规模，以5%、10%、25%三种税率中的一种缴纳企业所得税；以自然人名义转让股权时，自然人股东需要按照20%的税率缴纳个人所得税。

例如，公司A作为法人股东，投资公司B的初始投资成本是100万元，占公司B40%的股份。在经营了一段时间后，公司A决定将自己掌握的公司B的40%的股份全部转让给公司C。当前公司B账面上尚未分配的利润是500万元，公司B的整体估值为1000万元。

如果按照企业规模，要求公司A以25%的税率缴纳企业所得税，那么公司A应当缴纳多少企业所得税呢？

缴纳所得税金额=（1000万元×40%−100万元）×25%=75（万元）。

【答疑解惑】

法人股东如何才能既做股权转让，又少缴纳所得税呢？

法人股东既做股权转让、又能少缴纳所得税的方法就是：先分红，再转让。

---

① 股权转让：是股东依法将自己的股东权益有偿转让给他人。在股权转让的过程中，转让方需要缴纳税费。

第一步进行分红。公司与公司之间的分红是免税的。

第二步进行股权转让。由于前面做了分红，股权转让价格会有所调整，按照调整后的股权转让价格和初始股权投资成本的差价，计算出企业应缴纳企业所得税的金额。

也就是说，公司A分红500万元是免税的。转让价格相应减少500万元，公司A需要缴纳的企业所得税金额=[（1000万元−500万元）×40%−100万元]×25%=25（万元）。

这也就意味着，先分红再转让，让公司A直接省了75万元−25万元=50（万元）的税费。

5.法人股东持股比例

对于法人股东的持股比例，法律没有限制，可以是任意数额。

自然人持股

股东即公司的投资人，可以是自然人，也可以是法人。

自然人股东是一个具体的人，享有并直接行使股东权利，并承担相应的义务，如参加股东大会、对财务资料进行查阅、获得股权分红等。

1.自然人股东持股条件

能够成为自然人股东的条件有以下几种：

①《公司法》规定，任何具有我国公民身份的自然人都可以作为投资者，而且只要按照法定要求出资，包括现金、实物和无形资产，都可以成为公司的股东。这种股东称之为自然人股东。

【答疑解惑】

公司员工是否可以成为自然人股东?

从《公司法》规定来看，除了特殊情况之外的其他任何自然人都可以作为投资者，成为公司的自然人股东。那么公司员工是否也可以成为自然人股东呢？

答案是可以的，但是有一定的条件，那就是员工作为自然人，如果按照法定要求对本企业出资，自然也可以成为本公司的自然人股东。

《公司法》规定，公司的任何股东都享有平等的权利和义务，这种平等性表现为同股、同权、同利、同责。

以往，员工持股计划下，员工无需出资，却与出资的股东享有相同的权利和利益，而且无需承担相应的破产责任。这样造成的结果是国有资产的流失，也称为财富转移。因此，为了防止国有资产的流失，员工持股的资金来源必须贯彻一个原则，那就是所出资金是员工拥有或承担全部风险的资金。

另外，员工持股比例不宜过高。如果过高，员工作为执行要素的提供者，其身份就会模糊，导致其执行能力下降的同时，还会增强其行使股权权利的可能性。

②《公司法》对自然人股东的年龄没有明确限定。因此，无论成年自然人还是未成年自然人，都有成为自然人股东的权利。

《公司法》第75条规定：“自然人股东死亡后，其合法继承人可以继承股东资格，但是，《公司章程》另有规定的除外。”也就是说，如果《公司章程》中没有明确禁止未成年人成为自然人股东，那么未成年人可以通过继承的方式成为公司股东。因为公司的出资和管理是可以分开的。由于未成年人无民事行为能力，想要参与公司日常事务，需要有监护人代理。

③另外，根据相关规定，以下人员不适合持股：

一是党和国家机关干部。

根据《中国共产党纪律处分条例》第88条、第89条规定：对于违规收送有价证券、股权、其他金融产品等财物，情节较轻的给予警告或者严重警告处分；情节较重的，给予撤销党内职务，甚至开除党籍处分。

二是现役军人。

根据《中国人民解放军内务条令》第105条规定：军人不得经商，不得从事本职以外的其他职业和网络营销、传销、有偿中介活动，不得利用工作时间和办公设备从事证券期货交易、购买彩票。因此，现役军人不可以持股。

除此以外，国家公务员，三公管理人员，省、地级政府主要领导及其配偶、子女，县级以上党和国家机关离退休干部，县级以上工会、妇联、共青团、文联以及各种协会、学会等群众组织，国有企业领导及其配偶、子女等，不可以成为公司股东。

【答疑解惑】

外国公民是否也可以成为自然人股东?

外国公民是否能持股，要看行业的准入限制。外国公民可以成为有限公司、股份公司的股东，但有一定的条件：

①公司股东应当半数以上在中国国内有住所。

②如股东中有外国公民，则公司不能注册为内资公司，只能注册中外合资性质的公司，比如中外合资企业。根据《外国投资者并购境内企业的规定》，如果外国公民购买内资企业的股权，要经过审批并改制成为中外合资性质的公司。

2.自然人持股模式

自然人持股分为三种情况。

（1）直接持股

自然人直接持股，是投资者最初始的一种股权架构。如图2-1所示。

《中华人民共和国个人所得税法》（后文简称《个人所得税法》）第3条规定：特许权使用费所得，利息、股息、红利所得，财产租赁所得，财产转让所得，偶然所得和其他所得，自然人需要缴纳20%的个人所得税。

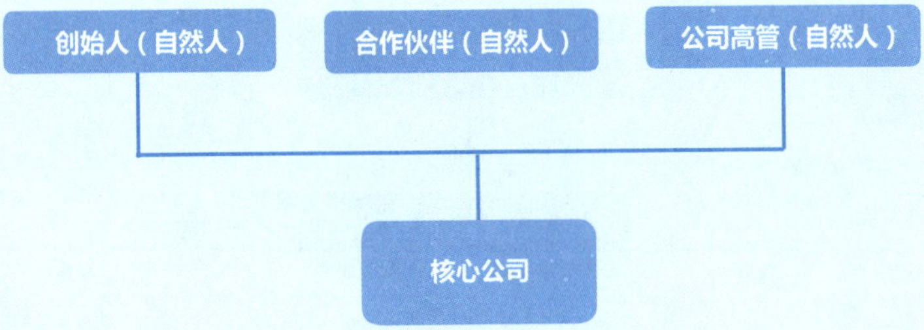

图2-1 自然人直接持股架构

如果自然人所持有的是上市公司（含新三板①）的股权，根据《个人所得税法》第3条、《关于继续实施全国中小企业股份转让系统挂牌公司股息红利差别化个人所得税政策的公告》第78条，可以享受税收优惠：

一是持股期限≤1个月，分红所得全部金额应纳税。

二是1个月<持股期限≤1年，应缴纳50%的个人所得税。

三是持股期限>1年，分红免收个人所得税。

（2）间接持股

间接持股，分为两种情况。

一是通过合伙企业间接持股。

通过合伙企业间接持股，是当前公司采用最多的一种架构形式，如图2-2所示。需要特别说明的是，合伙企业在税收上被视为“透明实体”，直接针对股东纳税，实现先分红后纳税。所以在本质上与自然人直接持股没有差异。不同的是，这种持股方式将个人的纳税地点从被投资企业所在地变为合伙企业所在地。

根据《关于个人独资企业合伙企业投资者征收个人所得税的规定》第91条规定：个人独资企业和合伙企业每一纳税年度的收入总额减去成本、费用以及损失后的余额，作为投资者个人的生产经营所得，对照《个人所得税法》的“个体工商户的生产经营所得”，应缴纳税率为5%~35%的个人所得税。

① 新三板：是指中关村高新技术园区内进入代办股份转让系统挂牌交易的非上市股份有限公司。

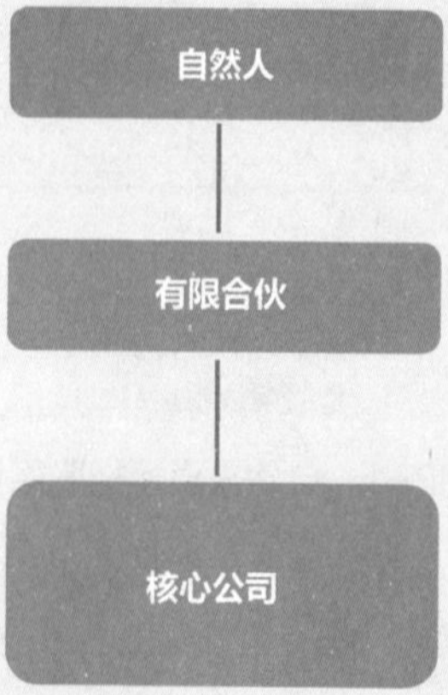

图2-2 自然人通过合伙企业间接持股架构

但也有一些地方为了鼓励股权投资类合伙企业，在股权转让时，自然人合伙人统一按照20%的税率缴纳个人所得税。

二是通过公司间接持股。

自然人通过公司间接持股，可以是一个持股平台公司，也可以是多个持股平台公司，如图2-3所示。其持股平台公司作为投资扩张和资本运作平台，实现横向、纵向扩张，不会对实体运营公司架构造成冲击。同时可以降低交易税负，降低交易成本，有利于推动整个公司资本高效运行。

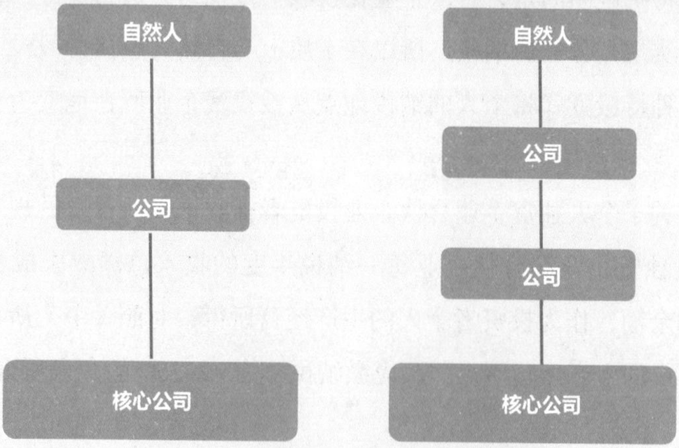

图2-3 自然人通过公司间接持股架构

自然人通过公司间接持股，其缺点在于自然人在投资退出的过程中，需要交两道以上的税款。即公司转让股权时，需按照25%的税率缴纳企业所得税；公司向自然人股东分红时，自然人股东需要以20%的税率缴纳个人所得税。

有限合伙企业持股

有限合伙企业持股模式下，持股人不再是直接持有公司股权，而是先成立有限合伙企业，然后再通过有限合伙企业间接持有公司股权。有限合伙企业持股股权架构如图2-4所示。

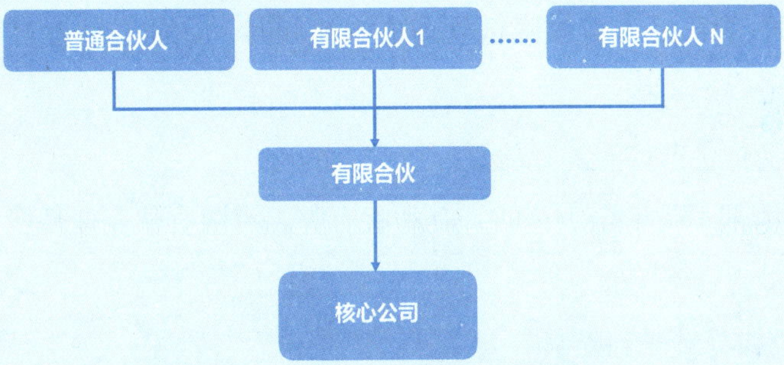

图2-4 有限合伙企业持股股权架构

1.有限合伙企业持股的优势

有限合伙企业持股，有以下几方面的优势：

（1）股东管理具有便利性

有限合伙由普通合伙人（GP）和有限合伙人（LP）共同组成。普通合伙人参与合伙企业的管理，少量出资，承担无限责任；有限合伙人不参与合伙企业管理，是主要的出资人，承担有限责任。

在有限合伙人数较多且经常有变动的情况下，可以由普通合伙人直接在合伙企业内部对有限合伙人的股权进行调整，有效避免了核心公司来回调整股权的麻烦，极大地提升了股东管理的便利性。

（2）有利于降低税率

有限合伙企业和一般合伙企业相同，都是采用先分红再转让的方式，由合伙人直接纳税，避免了企业所得税和个人所得税双重纳税。

（3）有利于权利与收益的灵活安排

合伙人之间的权利义务关系、收益分配方式都是根据合伙协议来约定的，合伙人享有的权利、收益比例可以灵活安排。

（4）提升决策效率

其他主体持股，召开股东大会必须按照《公司法》的规定将相关人员通知到位。而且公司做任何决议都需要诸多股东同意，并一一签字，这是一项耗时、费事、费成本的事情。有限合伙企业持股与其他主体持股相比，则有效避开了这样的问题，简洁的治理结构使得核心公司能够轻装上阵，从设立到日常运营都较为简易，有效降低管理成本的同时，还能有效提升公司的决策效率。

2.有限合伙企业持股的弊端

任何事情都不是十全十美的，有利就有弊。有限合伙企业持股，也存在一定的弊端。

（1）股权处置受到限制

有限合伙企业持股，与其他主体持股相比，股权处置缺乏一定的自由度。无论是股东分配股权收益，还是做股权转让，都需要通过参与公司日常事务管理工作的普通合伙人实施，不能直接在股权公司层面操作。另外，有限合伙人对其持有的股权，在处置的过程中也受到一定的限制。而这对于普通合伙人而言，却具有一定的优势。

（2）低地方税率存在风险

有的地方会出台相关政策，将合伙人股权转让所得税率降低到20%。但国税局对该税率并不认可。所以地方的有限合伙企业持股，存在一定的规范性风险。

有限责任公司持股

有限责任公司持股方式，就是设立新的有限责任公司并持有核心公司的股权，员工以有限公司作为持股平台来持有股份的方式。如图2–5所示。

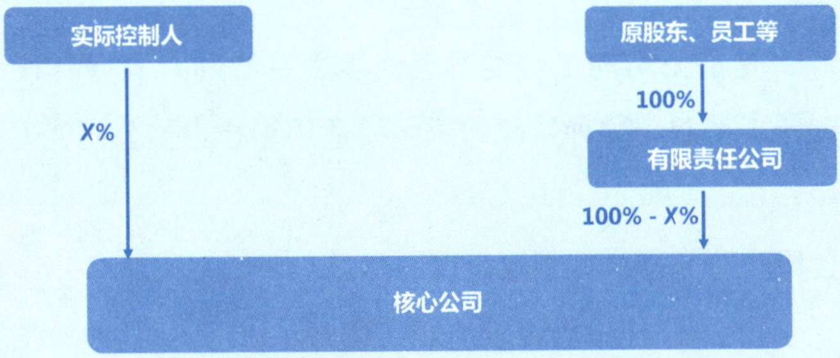

图2-5 有限责任公司持股股权架构

有限责任公司的持股比例不尽相同。持股比例代表了股东出资比例，也代表了股东的分红比例。

当股东持股比例达到10%时，有权召开临时股东会，也有权申请解散公司。

当持股比例达到25%时，如果是外资比例，则有限责任公司有权享受外商投资企业的待遇。

当持股比例达到34%时，有限责任公司对核心公司的重大事项拥有一票否决权。

当持股比例达到51%时，有限责任公司可以控制核心公司的决策，成为控股股东。

当持股比例达到67%时，有限责任公司对核心公司拥有绝对控制权。

1.有限责任公司持股的优势

有限责任公司持股有以下几方面的优势：

①便于股份管理，在持股公司减持后，个人才能减持。

②有限公司是按照持股比例进行表决的，这使得持股员工有较强的参与感。

2.有限责任公司持股的缺点

有限责任公司持股的缺点有以下几方面：

①在分红的时候会征收相应的个人所得税；在做股权转让或减持时，会征收双重税，先征收企业所得税，后征收个人所得税。

②有限公司行使决策权是按照持股比例执行的，因此在公司运作方面缺乏灵活性。

工会持股

工会持股，是指公司的工会委员会代表所有激励对象持有核心公司的股份，由工会创始人控制。这种持股方式主要适用于技术型公司，尤其是需要脑力技术的公司。

对于工会持股的公司，需要注意以下几点：

①持股工会由公司内部职工股的职工组成，从事内部职工股的发行、登记、管理等工作。

②每个公司只能设立一个持股工会。

③持股工会作为出资者，按投入公司的资本比例代表内部职工股的职工，行使股东权利，享有相应的出资者的资产收益权、重大决策权等。

④持股工会的资金，仅限于购买本公司的股份，不得设立企业，也不得用于购买社会发行的股票、债券等，不得用于向本公司以外的企事业单位投资。

⑤持股工会需要以公司工会、社团的名义承担民事责任。

⑥工会是公司全体工会会员形成的组织，每个会员按照《工会法》享有的权利和义务是均等的。

1.工会持股的优势

工会持股有以下几方面的优势：

①有效避免员工离职等变动而影响公司股东变更及工商变更等。

②有利于创始人对公司控制权的把握。

2.工会持股的缺点

工会持股的缺点有以下几方面：

①工会持股，实际上员工并未直接持股，所以员工不享有股东的权利和义务。

②工会将所持股份转让后，员工与工会的关系不好界定，即员工到底是工会的一个变通会员还是工会的股东？如果员工并非股东，那么其无法享受股东的权利，其经济利益也无法得到保障。

案例3 华为：工会持股

1990年，华为发展初期无法申请到银行贷款，也曾因此给员工发不出工资而打欠条，后来把欠条写成了欠股份。

此后，在1997年6月前，华为是全部由员工持股的公司。一部分由当时华为公司的688名员工持有，占65.15%；另一部分由华为子公司——华为技术公司共299名员工持有，占比34.58%。

在1997年6月前，华为经过改制后，对股权结构做了调整，华为的股份分为三个部分：第一部分是华为新技术公司，占有5.05%的股份；第二部分是华为公司的工会，持股61.86%；第三部分是华为新技术公司工会持股，占有33.09%的股份。

2000年，华为再次调整股权结构。此时，第一大股东是华为公司工会，持股98.9%，第二大股东是任正非，持股1.1%。

到2020年9月，任正非所持股份仅剩下0.88%，工会持股份额占到了99.12%。这99.12%的股份，是由董事长控制的，而不是由任正非控制。

以下是现阶段华为的股权架构，如图2-6所示。

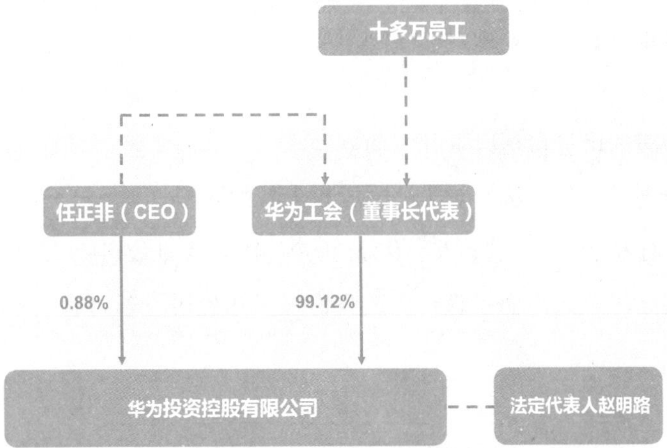

图2-6 华为的股权架构

【案例点评】

华为的股权激励人数达到9万人，规模非常庞大。华为非常重视奋斗文化，员工股东有进有出，激励人员基数大，出现频繁工商变更也是常态。如果采用股份制公司，需要设立将近500多个股份公司，仅注册和管理问题就是一个巨大的挑战。这也是华为实施工会持股的原因。

委托持股

委托持股，也称为“代持”“隐名投资”“假名出资”，是指实际出资人通过签署股权协议约定，以他人名义代替实际出资人履行股东权利和义务的一种股权处置方式。

《公司法》对实际控制人做出了明确定义：“实际控制人，是指虽然不是公司的股东，但通过投资关系、协议或其他安排，能够实际支配公司行为的人。”显然，隐名股东就是公司的“实际控制人”。

需要注意的是，委托人的权益是受法律保护的。但如果委托人离世，相关权益的处理会稍微复杂一些。为了避免不必要的麻烦，可以在签署的《委托持股协议》中明确约定：被委托人应当根据委托人的继承人或遗嘱执行人的要求，将其股权做相应的处理。

1.委托持股的优势

委托持股的优势包括以下几方面：

①有效规避《公司法》对于公司股东人数的限制。

②能够有效保证公司创始人享有公司的控制权，保证公司持股结构的稳定性。

③在实际出资人不愿意将自己的身份显示在公司股东名册当中时，可以采用这种方式。

2.委托持股的弊端

委托持股也存在一定的弊端。

（1）给名义股东带来风险

第一，如果实际出资人没有在认缴期限内拿出足够的出资额，则名义股东需要承担连带赔偿责任。

第二，在遵照实际出资人指示行使股东权利时，可能会因为自己的违法行为而成为实际出资人的“替罪羊”。

（2）给实际出资人带来风险

第一，名义股东可能会滥用股东享有的表决权、分红权等，甚至会擅自处置股权。

第二，股权转让时，实际出资人需要缴纳溢价部分20%的个人所得税。

信托持股

信托持股，即员工持股信托，是指将员工买入的公司股票委托给信托机构进行管理和运作，在员工退休后享受信托收益的安排。信托机构所获得的信托资金，一部分来自员工工资，另一部分来自企业奖金，这部分资金用于资助员工购买本公司的股票。

1.信托持股的优势

信托持股的优势包括以下几方面：

（1）降低人员流动率

对于一个公司来讲，员工的向心力和奋斗积极性是公司赖以生存和发展的基石。公司实施信托持股，使得员工福利得到了保障，使得他们能够安心工作，降低流动率。

（2）有效避免双重税收

信托持股能有效避免双重税收，有利于激励对象权益的最大化。

2.信托持股的弊端

在我国2006年5月18日起施行的《首次公开发行股票并上市管理办法》中，对于信托持股有这样的规定：信托持股由于其背后出资人身份不明确，因此监管部门认为这种持股方式可能会导致股权纠纷。所以在众多持股方式中，不推荐信托持股方式。

动态量化股权架构设计

在这个大众创业创新的时代，股权是影响企业发展的一个重要因素。优秀的公司往往拥有优秀的股权架构。股权分配的本质是对公司主体人员，包括创始人、合伙人、核心员工、投资人等做出贡献的衡量和财富的分配。

创始人掌握公司控制权

公司对于创始人而言就像是自己的孩子一样，从孕育到诞生再到发展壮大，每个阶段都有创始人参与和见证。但随着公司的进一步发展和扩张，需要注入更多的资金，此时就意味着创始人的控制权会出现稀释和转让，使得创始人对公司的控制权受到一定的威胁。

现实中，有很多创始人失去公司控制权的活生生的例子。

2001年，新浪在上市的第二年，其创始人王志东，失去了对新浪的控制权。

2010年，1号店用80%的股权换来了平安保险的8000万元融资。然而世事多变，平安保险又将1号店的控股权转让给了沃尔玛。最终，沃尔玛对1号店进行全资控股，1号店的创始人于刚丧失控股权后，被迫离职。

2015年，俏江南创始人张兰失去了俏江南的直接控股权。

……

对于创始人而言，掌握公司的控股权，其实就是掌握了对整个公司的控制权。这是创始人不可撼动的地位。在公司发展的不同阶段，创始人要想捍卫自己的控股权，主要方法如下。

第一阶段：初创及天使轮[①]阶段

1.核心人员

该阶段，公司参与运营的核心人员是创始人、联合创始人、初期员工。

2.捍卫控股权的方法：股权代持

在这个阶段，创始人可以采用股权代持的方法，隐藏股东身份，间接控制公司的股权。

对于创始人而言，股权代持具有三方面的意义：

第一，可以将其他股东的股权集中到自己身上，增强自己的控制权。

第二，使得公司的股东结构更加清晰简洁，便于进行工商信息登记。

第三，便于管理小股东或那些不稳定的股东。

【注意】

①既然是隐名股东，那么在《公司章程》、公司名册、工商登记中不得出现其名字。

②隐名股东的权益需要通过签订相关代持协议来维护。

③核心创始人需要掌握50%以上的股权，并要代持其他股东20%的股权，联合创始人占有10%~15%的股权，投资人一般占有10%~15%的股权。

第二阶段：AB轮融资阶段

1.核心人员

该阶段，公司参与运营的核心人员是中层高管、全体员工。

2.捍卫控股权的方法：有限合伙持股、董事会

（1）有限合伙持股

有限合伙持股，即创始人通过持股平台掌握公司的控股权。

有限合伙企业分为普通合伙人（GP）、有限合伙人（LP）。两者之间的区别为：只有普通合伙人可以参与合伙事务，承担管理职能；有限合伙人作为

① 天使轮：即天使投资，是指个人出资协助具有专门技术或独特概念而缺少自有资金的创业家进行创业。天使投资在承担高风险的同时，也可以享受成功后的高收益。

出资方，只出资，不参与企业的任何管理和运营。

因此，可以让非创始人股东成为有限合伙人，这样他们作为出资方，却不能参与企业管理。同时，让核心创始人担任普通合伙人，这样核心创始人既是出资人，又参与企业管理，可以将企业的控股权牢牢握在手中。

（2）董事会

通常，企业的日常事务基本是由董事会或执行董事来决定的，公司很少需要召开股东大会。所以如果能控制董事会或执行董事，也就相当于控制了公司的日常管理。核心创始人可以占有公司董事会的大部分席位，确保自己对公司的掌控权。

在创建公司时，创始人团队就应当具备控制董事会的意识，在《公司章程》中做好控制董事会的相关规定或条例。

第三阶段：C轮融资及以后阶段

1.核心人员

该阶段，公司的核心人员包括高级管理层、全体员工。

2.捍卫控股权的方法

该阶段，捍卫控股权的方法有有限合伙持股、一致行动人协议、AB股双层股权计划。

（1）有限合伙持股（内容同前，参见第二阶段中相关内容）

（2）一致行动人协议

一致行动人协议，是指在公司没有控股股东或实际控制人的情况下，由多个投资者或股东共同签署的一项一致行动人协议，就某些特定事项投票表决采取一致行动，以保证股东跟随一致行动人投票。这样，众多投票权变相地集中到了核心创始人身上，加大了创始人股东的投票权重，使得核心创始人拥有了对公司的掌控权。

一致行动人协议，特别适合那些创始人团队人数较多的公司，初期主要是创始人和联合创始人签署一致行动协议，以保证创始人团队行动的一致性；创始人需要关注那些较为分散的股东投票权，寻找机会尽快与其签订一致行动协议，增强自己的控股权。

（3）AB股双层股权结构

相关内容在前文小米案例中已经有过详细阐述，此处不再赘述。

这种方法适用于离岸VIE（VIE架构，即可变利益实体，也称为“协议控制”，即不通过股权控制实际运营的公司，而是通过一系列协议对实际运营公司进行控制的方式。VIE架构主要运用于海外上市的中国企业）股权架构公司。离岸VIE股权架构，是指公司实体分为境外上市的实体与境内运营实体两个部分，境外上市实体不通过股权方式进行控制，而是借助一系列协议完全控制境内运营实体的经营活动和利润。以下是小米公司的离岸VIE股权架构，如图2-7所示。简单来说，就是在境外注册或使用境外股权架构，引入外资公司，可以考虑使用“AB股双层股权结构”。这样，创始人享有同股不同权，可以享有更多的权利控制公司。

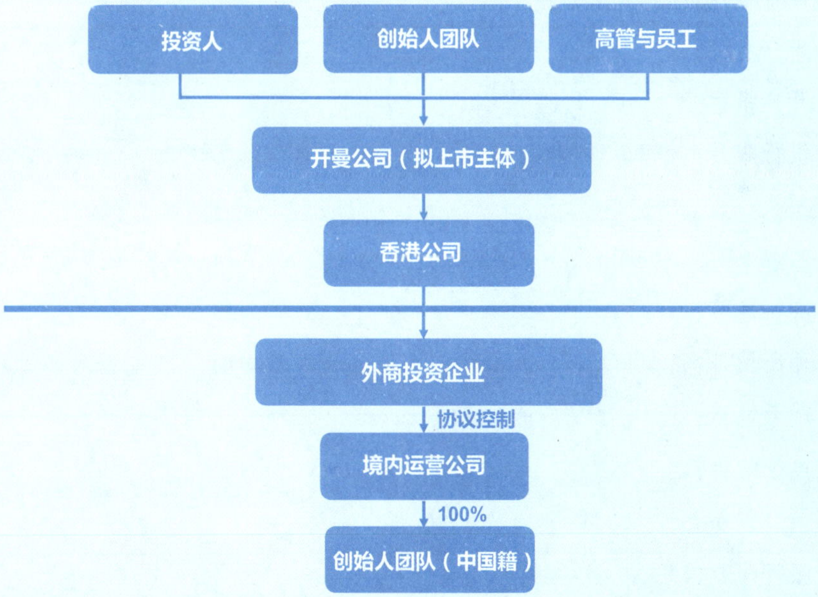

图2-7 小米公司的离岸VIE股权架构

以上是在公司不同阶段，创始人应当掌握的常用公司控制权捍卫方法。这几个是普适性方法。除此以外，还需要结合公司的实际情况，基于此制订更加贴切的方案。

扩展阅读

股权代持协议范例

股权代持协议

甲方（委托方）：

身份证号：

住所地址：

联系电话：

电子邮件：

银行账户信息

账户名称：

开户银行：

银行账号：

乙方（受托方/代持人）：

身份证号：

住所地址：

联系电话：

电子邮件：

银行账户信息

账户名称：

开户银行：

银行账号：

公司名称（标的公司）：

统一社会信用代码/注册号：

公司住所：

法定代表人：

鉴于：

1.有限公司（以下简称“标的公司”）为依法成立的有限责任公司，注册资本为______元人民币。甲方出资______元人民币（认缴/实缴），实际占公司______%股权；

2.甲方自愿委托乙方代为持有甲方名下所实际持有的标的公司______%的股权；

3.乙方依据中华人民共和国法律为完全民事行为能力人，乙方自愿接受甲方的委托并代为行使相关股东权利；

4.有鉴于此，在上述信息真实并双方均认可的前提下，甲、乙双方本着平等互利的原则，友好协商，依据《中华人民共和国合同法》《中华人民共和国公司法》等有关法律法规，就乙方代持甲方股权事宜达成协议如下，以兹共同遵守。

1.委托事项

甲方委托乙方代为持有甲方名下实际所持有的标的公司______%的股权，乙方代甲方行使相关股东权利。

2.先决条件

本协议在同时满足以下全部条件的前提下生效，否则不生效：

①甲方委托股权已实际变更登记至乙方名下；

②其他：____________________

3.委托权限

甲方委托乙方代为行使的股东权利包括：

①由乙方以自己的名义将受托行使的代持股权作为在公司股东登记名册上具名；

②以乙方名义在工商机关予以登记；

③以股东身份参与相应活动；

④出席股东会并行使表决权；

⑤以股东身份在相关文件上具名；

⑥代为收取股息或红利；

⑦行使《公司法》与《公司章程》授予的其他股东权利；

⑧其他：＿＿＿＿＿＿＿＿＿＿＿＿＿＿＿＿＿＿＿＿

4.甲方的权利与义务

①甲方作为代持股权的实际所有者，享有公司实际的股东权利并有权获得相应的股东权益；

②甲方对公司中乙方名下的股权进行处分时，同等条件下，公司的登记股东享有优先购买的权利；

③因代持股权产生的相关税费由甲方承担；

④代持期间，因乙方故意或者重大过失而使公司或其他第三人所产生的损失由乙方承担，甲方因此承担的，有权向乙方追偿；

⑤甲方有权对乙方代为行使股东权利过程中的行为进行监督与纠正，并有权对乙方超越本协议约定范围的行为予以制止，因乙方故意或者重大过失而造成甲方损失的，甲方有权要求乙方赔偿损失，因此产生的律师费用由乙方承担；

⑥其他：＿＿＿＿＿＿＿＿＿＿＿＿＿＿＿＿＿＿＿＿

5.乙方的权利与义务

①作为公司的名义股东，乙方有权根据甲方的指示以股东名义行使表决权、参与公司的经营管理等；

②乙方对代持股权下的股东权益不享有收益权或处置权（包括但不限于股东权益的转让、质押、划转等处置权益），任何对该等权益的处置必须取得甲方书面同意；

③乙方在公司的经营管理过程中、股东会决议或行使其他与股东身份相关的重大权益时，就相关事项的处理或表决均需取得甲方书面同意；

④乙方承诺将其未来所收到的因代持股权所产生的任何全部收益（包括现金股息、红利或任何其他收益分配），均在获得该等收益后7日内划入甲方指定的银行账户；

收款人：________________

开户行：________________

账号：________________

⑤除非双方另有约定，乙方应根据甲方的指示要求，对代持股权进行适当处置（包括但不限于根据甲方的要求以甲方确定的价格将全部或者部分代持股权依法转让给第三方或者以代持股权设定质押）；

⑥其他：________________

6.委托持股费用

委托代持股期间，甲、乙双方之间不产生任何报酬费用。

7.代持期间

甲方委托乙方代持股权的期间自本协议生效开始，至______年______月______日止（或双方协议解除或公司解散、注销时终止）。

8.违约责任

①甲、乙双方应严格遵守本协议约定的内容，任何一方违反或拒不履行其在本协议中的约定，即构成违约行为。除本协议特别约定，任何一方违反本协议，致使其他方承担任何费用、责任或蒙受任何损失，违约方应就上述任何费用、责任或损失（包括但不限于因违约而支付或损失的利息以及律师费）赔偿守约方。违约方向守约方支付的补偿金总额应当与因该违约行为产生的损失相同，上述补偿包括守约方因履约而应当获得的利益，但该补偿不得超过协议各方的合理预期。

②其他：________________

9.保密条款

①甲、乙双方对本协议约定内容均负有保密义务，该等保密义务在本协议终止后仍继续有效。

②甲、乙双方保证对在讨论、签署、执行本协议过程中所获悉的属于对方的且无法通过公开渠道获得的文件及资料（包括商业秘密、公司计划、运营活动、财务信息、技术信息、经营信息及其他商业秘密）予以保密。未经该资料和文件的原提供方同意，另一方不得向任何第三方泄漏该商业秘密的全部或部分内容。

③任何一方因违反该等义务而给对方造成损失的，均应当承担相应的违约责任并赔偿由此造成的损失。

10.争议解决

①本协议中的股权代持行为均适用中华人民共和国法律。

②甲、乙双方因履行本协议所发生的或与本协议有关的一切争议，应当友好协商解决。如协商不成，任何一方均有权按下列第______种方式解决：

a.将争议提交仲裁委员会仲裁，按照提交仲裁时该会现行有效的仲裁规则进行仲裁。仲裁裁决是终局的，对甲、乙双方均有约束力。

b.向甲方所在地人民法院起诉。

11.其他事项

①本协议自甲、乙双方签字并满足本协议第二条先决条件下生效，至______年______月______日止（或双方协议解除或公司解散、注销时终止）。期间，因甲、乙双方股东身份发生变化的，由双方另行协商签订相关协议。

②本协议相关事项送达以合同首部载明的信息为准，信息变更的应在变更后三日内通知对方，否则以原信息为准。

③如本协议的任何条款或规定在任何适用法律下被认定为全部或部分无效或不可强制执行，其应（在该等无效或不可强制执行的范围内）从本协议中被排除，不影响本协议其他条款的效力。

④本协议一式二份，协议双方各持一份，具有同等法律效力。

（以下无正文，为签署页）

甲方（签字）：　　　　　　　　乙方（签字）：

签订地：　　省　　市　　区　　签订地：　　省　　市　　区

日期：　　年　　月　　日　　　日期：　　年　　月　　日

联合创始人掌握公司话语权

公司的联合创始人是创始人的追随者，在公司初创阶段，最好控制在2~5人（后期加入的，都称为合伙人），彼此的合伙价值观必须高度一致。这是保证公司能够协同发展、快速成长的关键。

但很多初创企业，首先遇到的问题其实就是联合创始人角色分工和话语权不明确引发的相关问题。联合创始人同样是公司的所有者，他们在公司主要关注的是自己是否具有一定的参与权和控制权。合理的股权分配可以帮助你与联合创始人搞好关系。

联合创始人如何把控好自己的话语权呢？

1.拥有一定比例的股份

原则上讲，联合创始人持股的最佳比例是10%~25%，创始人持股比例是联合创始人人均持股比例的2~4倍。

2.按贡献大小确定持股比例

给联合创始人进行股权分配确实重要，但也是一件事关长期的事情，不能急躁。在分配之前，创始团队的成员应当在一起工作，相互磨合。在这段时间内，了解各成员的优势和劣势，然后考量每个联合创始人投入的热情和价值程度，进行股权匹配，并且需要获得所有成员的认可。联合创始人究竟该拿多少股权才算合理、公正，才让人心服口服？

以下是合理的股权布局流程：

第一步，明确自己公司的定位，目前公司处于什么发展阶段、需要什么资源。

第二步，制作一张详细的贡献值评估表。该表中要列出各项要素，如创意想法、资金贡献、资源贡献、渠道贡献、价值贡献等。

第三步，根据不同要素来评估每个联合创始人的相对贡献，将每个要素的权重设置为0~10分，逐一进行评分。另外，是谁提出的创意想法，是谁负责商业计划书的撰写，是谁全权负责实施等，这些详细内容都要在评估表中体现出来。

第四步，计算出加权分数，判定相对百分比。这样就得出了较为合理的股权分配比例。

例如：我们分别分给A、B、C三位联合创始人相同的股权权重，即都是100。然后根据其为公司贡献价值的大小来确定每个人的股权比例，如表2-1所示。

表2-1 根据为公司贡献价值的大小来确定每个联合创始人的股权比例

贡献加权项分 \ 联合创始人股东		A	B	C
股权权重		100	100	100
召集人（股权增加5%）	贡献与否	√		
	权重合计	105		
创业点子（股权增加5%）	贡献与否		√	
	权重合计		105	
点子执行（股权增加5%~20%）	贡献与否	√		
	权重合计	120		
CEO/总经理持股（股权增加5%）	贡献与否	√		
	权重合计	125		
全职创业（股权增加200%）	贡献与否	√		√
	权重合计	325		300
信誉度（股权增加 50%~300%）	贡献与否	√	√	√
	权重合计	381	210	450
现金投入（加权投资人投资比例x%①）	贡献与否	√		√
	权重合计	948		615
合计		948+210+615=1773		
股权比例		948 ÷ 1773=53.5%	210 ÷ 1773=11.8%	615 ÷ 1773=34.7%

给员工预留合适的期权池

初创公司为了后续不断吸引人才和投资加入，会设立一个期权池，以保证

① x%：不同的联合创始人投入的资金可能存在差异。这样，投资人投资加权x%的数值也就会存在差异。

后续加入的员工的股份需求。因此，在设计股权架构的过程中，要为员工预留合适的期权池。

什么是期权池？期权池是一种员工持股计划，就是让员工持有公司的股票和期权，从而使其获得激励的一种长期绩效奖励计划。期权池这个概念十分形象，好比是一个养鱼的池子，什么时候需要，就从池子里捞点鱼出来。只不过期权池中养的是股权。当有股权激励需求的时候，就从期权池中拿出一部分股权用来激励员工。

1.预留期权池的原因

预留期权池有以下几个方面的原因：

（1）融资计划

公司未来有融资计划，设立期权池的时候，通常都是投资者在投资之前就要求创业公司做预留，以防止以后期权不够用，还要拿出投资者的股份进行稀释，以分给后来加入的员工。

（2）做股权激励

为员工预留期权池，就是为了给核心员工股份，以此留住人才，降低员工跳槽成本。设立期权池进行员工激励有三点好处：

首先，表明公司对员工价值的认可。

其次，能够有效增强员工对公司的归属感，使得员工与公司的价值观相一致，提高员工的凝聚力。

最后，在股权激励的利诱下，公司更容易挖掘到高价值人才。

（3）简化流程

公司的股份变动在所难免，每一次变动都会涉及诸多法律程序，由此产生很多时间成本和人力成本。

但如果公司能够提前预留期权池，将激励员工的股权预留出来，这样即便日后因实施员工股权激励引发股东结构变化，也不需要对《公司章程》进行修改，同时也省去了办理工商变更登记的麻烦。只需要按照董事会事先批准的股权激励方案实施即可。显然，预留期权池可以有效简化诸多流程。

2.期权池的大小

那么期权池设置多大合适呢？行业不同，公司不同，对于期权池的需求也是不尽相同的。所以，期权池的大小比例并没有绝对合理的计算方式。

通常，传统行业的期权池要比高新技术行业和互联网行业的期权池小一点。根据相关统计数据得出的结论，大部分公司的期权池比例在10%~20%之间。当然，还有一些公司的期权池比例可能会小于10%，或大于20%。具体多少，需要参照公司的整体情况而定。如果一个公司的创始人团队人员较为齐全，未来可能不会引进太多的核心人才，那么可以预留10%的期权池作为备用；如果初创企业构成的团队不够完整，那么就可以预留20%的期权池。

3.期权池的存在形式

期权池存在的一种更加规范的方式就是有限合伙企业。一个有限合伙企业就是一个期权池。在期权池内，创业团队的创始人做普通合伙人，其他股东或员工做有限合伙人。在未来做股权激励时，团队成员就是进入有限合伙企业的有限合伙人。

4.期权池的设置方法

设置期权池，可采取以下几种方法：

（1）股权转让

期权池里的“鱼”不是天生就有的，通常是由创始人、联合创始人按照各自所持股份比例，进行同比例出让，然后汇集在一起形成期权池。新设立的期权池可以由其中的某一位股东代持，或另设置一个新的合伙企业直接持有。在实施股权激励方案的时候，再将股权量化到被激励对象的名下。

举个简单的例子。A、B两人创建了一家公司，A是大股东，拥有70%的股份，其中包含了10%的期权池。B占有公司30%的股份。

在工商登记信息中显示：A有70%的股份，B有30%的股份，以后做股权激励的时候，A和B两人就不必做股权稀释了，直接从A的股权中拿出10%的股份，对员工进行股权激励即可。

（2）增资扩股

增资扩股，即需要事先做好股权比例预算工作，然后直接对创业公司进行增资扩股。也就是对原有股东的股权按同比例进行稀释。这种情况下，如果股东的股权中已经预设了期权池，其期权池的股权比例还是会被稀释。

5.不同级别的员工期权比例

预留期权池的一个重要目的就是后期对核心员工进行股权激励。那么对于不同级别的员工，应当持多少期权比例最为合适呢？

随着公司的不断融资，股权会越来越稀释。这里以A轮融资为例：

（1）首席执行官（CEO）

首席执行官是企业的最高执行官，主要负责企业的日常事务，通常所持期权为5%~10%。

（2）首席技术官（CTO）和首席运营官（COO）

首席技术官和首席运营官通常所持期权为2%~5%。

（3）副总裁（VP）

副总裁是公司后来招聘的，往往没有股权只有期权，他们通常所持有的期权为1%~2%。

（4）董事会

董事会、顾问、核心员工通常的期权范围是0.5%~1%。

（5）其他员工

对于其他员工，通常期权不超过0.5%。

在经过多次融资之后，公司员工会越来越多，越往后，员工的期权就越低。

【答疑解惑】

创始人和CEO同一人担任，是否也可以拿期权？

有的时候，公司的创始人和CEO由同一个人担任，那么创始人此时本来就有股权，还可以拿期权吗？当然可以。但有的公司其创始人在担任CEO的同时，为了鼓励更多的员工，选择不拿期权。所以，创始人和CEO由同一人担任时，可以选择拿期权，也可以选择不拿。

投资人追逐资本的优先权

作为一名投资人，最看重的是将来是否能够收取高回报。对于优质项目，他们投资的诉求是快速进入和快速退出。如果站在投资人的立场上考虑，那么投资人要求的无非就是优先权。

投资人为了防止自己融资后公司立刻倒闭，给自己带来投资损失，就会与公司约定享有优先权，包括优先清算权、优先认购权。

1.优先清算权

优先清算权，是公司出现倒闭或被收购的情况时，投资人享有的一种优先清算财务的权利。在公司偿还完债务的情况下，投资人再优先对财产按照股权比例优先进行分配。

公司清算的触发条件是：当公司出现合并、被收购、出售主要资产，导致公司现有股东占有续存公司发行股份的比例不高于50%的时候，就可以对公司财务进行清算。

那么当公司进行清算时，投资人如何参与公司财产分配呢？有以下三种形式。

（1）无优先清算权

如果投资人无优先清算权，在公司清算时，投资人只能按股权比例拿到相应的公司退出金额。

举个简单的例子。假设投资人投资了100万元，得到了10%的股权。当投资人的资金到账后，公司立即宣布结算。如果投资人没有优先清算权的话，那么他只能拿到公司退出价值（200万元）的10%，即20万元，其余的80万元则立刻损失掉。投资人享有优先清算权，就可以避免这种资金受损的情况，保证在公司最后一杯羹中拿回自己的成本。

（2）有优先清算权

这种情况下，投资人的清算回报计算方式有：

a.投资人按照优先权约定，如收回X倍本金、收回投资本金并按照年化10%（单利）计算的利息等，之后剩余款项分配给普通股东。

b.公司退出价值（即清算价值）低于优先清算回报（即投资人根据投资协议优先获得的金额），投资人拿走全部清算资金。

c.当公司的退出价值高于优先清算回报，投资人先拿走优先清算回报部分；超过优先清算回报部分，投资人和普通股东按股权比例分配。

具体清算方法如表2-2所示。

表2-2　投资人参与公司财产分配融资/清算表

<table>
<tr><td rowspan="3">融资时</td><td colspan="3">投资前估值</td><td>900万元</td></tr>
<tr><td colspan="3">投入金额</td><td>100万元</td></tr>
<tr><td colspan="3">股权比例</td><td>投资人10%
普通股东90%</td></tr>
<tr><td rowspan="2">清算时（无优先清算权）</td><td colspan="3">退出价值</td><td>200万元</td></tr>
<tr><td colspan="3">金额分配</td><td>金额分配
投资人20万元
普通股东180万元</td></tr>
<tr><td rowspan="12">清算时（有优先清算权）</td><td rowspan="6">a</td><td rowspan="3">收回1.5倍投资本金</td><td>退出价值</td><td>200万元</td></tr>
<tr><td>优先权约定</td><td>投资人收回1.5倍投资本金后，剩余款项分配给普通股东</td></tr>
<tr><td>金额分配</td><td>投资人100万元×1.5=150（万元）
普通股东200万元-150万元=50（万元）</td></tr>
<tr><td rowspan="3">收回本金加年化10%的利息</td><td>退出价值</td><td>200万元</td></tr>
<tr><td>优先权约定</td><td>投资人收回投资本金及按照年化10%（单利）计算的利息后，剩余款项分配给普通股东</td></tr>
<tr><td>投资一年后清算的金额分配</td><td>投资人100万元+100万元×10%=110（万元）
普通股东200万元-110万元=90（万元）</td></tr>
<tr><td rowspan="3" colspan="2">b</td><td>退出价值</td><td>200万元</td></tr>
<tr><td>优先权约定</td><td>风险协议约定投资人优先可取得250万元</td></tr>
<tr><td>金额分配</td><td>投资人200万元
普通股东0元</td></tr>
<tr><td rowspan="3" colspan="2">c</td><td>退出价值</td><td>200万元</td></tr>
<tr><td>优先权约定</td><td>风险协议约定投资人优先可取得150万元</td></tr>
<tr><td>金额分配</td><td>投资人150万元+（200万元-150万元）×10%=155（万元）
普通股东（200万元-150万元）×90%=45（万元）</td></tr>
</table>

2.优先认购权

优先认购权，是指公司在上市前出售其股权时，按照约定价格，投资人拥有相同的优先购买公司部分或全部股权的权利。

投资人享有优先认购权，同样是为了保证自己投入的资金的相对安全性。

那么如何计算投资人的行权比例呢?

①笼统约定投资人对公司的全部或部分新增注册资本享有优先认购权，投资人可以灵活选取全部或部分资本认购，或放弃认购的权利。

②当有多个投资人同时享有优先认购权的时候，可以约定多个投资人按照所持比例享有优先认购权，对全部或部分资本进行认购。剩余的新增注册资本，可以由创始人或其他第三方认购。

③当有多个投资人同时享有优先认购权时，如果个别投资人放弃行使权利，该部分的股权就需要进行拟转让，其余投资人可以选择二次认购。

股权架构类型：好的股权分配结构让企业利润翻番

股权架构设计，其实就是公司组织的顶层设计。公司的战略和商业模式，解决的是用什么方法、如何落地；股权设计解决的是谁来投资、谁来经营、谁担责任、谁获收益的问题。

好的股权架构，可以将创始人、合伙人、投资人、员工的利益很好地捆绑在一起，同时也能让合伙人明确自己的权、责、利，使得整个企业在发展过程中少走弯路，经得起风浪，实现利润翻番。

一元股权架构

一元股权架构是一种最为简单、最为传统的股权架构类型，是指股东出钱，按照现有公司出资比例分割股权、分享股权决策权和分红权。简单来讲，就是股东的股权比例、表决权、分红权具有一体化特点，没有特殊规定。一元股权架构可以说是一种“同股同权”的股权架构模式。

例如，小肥羊创立早期，其股权结构非常简单，是典型的一元股权架构，如图2-8所示。该股权架构下，创始人张钢持有60%的股份，联合创始人陈洪凯持有40%的股份，双方享有同股同权。

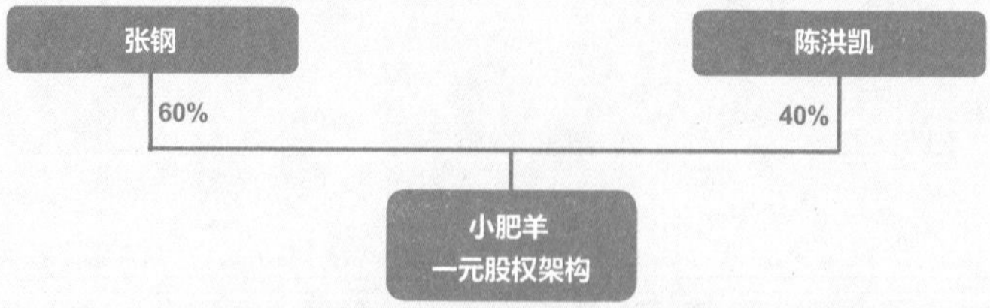

图2-8 小肥羊早期的一元股权架构

1.一元股权架构的优缺点

①优点：这种股权架构看似简单，却能很好地解决股权分配难题。

②缺点：股东之间的股权比例根据其出资来确定。对创始人而言，其对公司控制权也少了很多自主性和灵活性。甚至很容易因为企业融资，或他人恶意争夺公司控制权，或其他意外变故，而使得创始人失去对公司的控制权。

2.公司避免僵局的节点

作为一种简单的股权结构，重点是要避免公司出现僵局。需要注意以下几个节点：

①一方股东持有的出资比例达到33.4%以上。

②公司只有两个合伙人股东，且出资比例分别为51%和49%。

③一方出资比例超过66.7%。

其中，这三种出资比例，意味着公司在任何情况下都不会出现僵局。具体在前文中有详细阐述，此处不再赘述。

二元股权架构

二元股权架构可以说是与一元股权架构相对应的。如果说一元股权架构具有单一性，那么二元股权架构则体现出双重性、灵活性特点。

在企业发展过程中，企业融资途径和方法呈现出多样化，随之而来的一系列问题，包括股权和控制权之间的矛盾，引发原始股东和创始人之间的一系列博弈；股权不断稀释，导致控制权逐渐被弱化或丧失等。解决这一系列问题，就需要对传统的、单一的股权结构进行重新设置和改进。二元股权架构，就是在这个基础上诞生的。

二元股权架构，也叫作双重股权架构，是指在股权比例、表决权、分红权方面作出不等比例，将股东的权利进行分离。对于有限公司来讲，《公司章程》中可以约定同股不同权；但对于股份公司来讲，只有那些有不同类型股东的企业才需要二元股权架构设计，其股份与股权是一致的，即同股同权。二元股权架构是通过设立AB股股权架构来实现的。

例如，以下是美团上市后的AB股股权架构图，如图2-9所示。

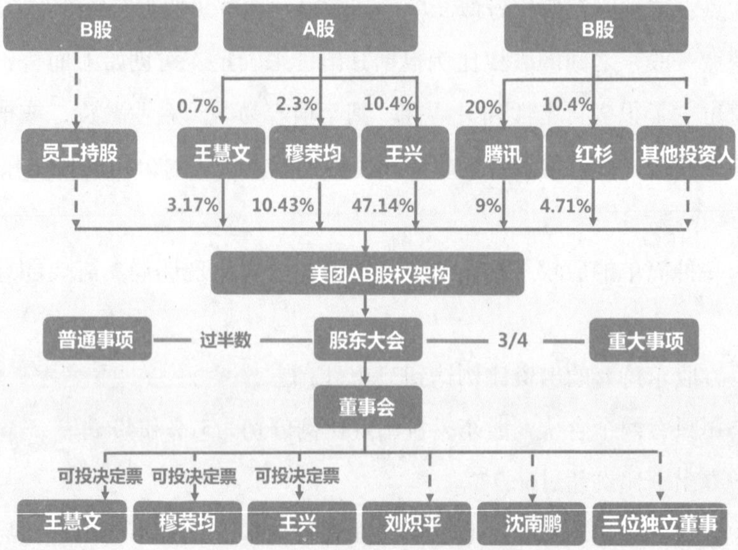

图2-9　美团AB股股权架构图

根据上图所示，其中A股的持有者有三人，分别为王慧文、穆荣均、王兴，他们是美团的联合创始人。B股的持有者包括员工以及投资人，包括腾讯、红杉、其他投资人。

每个人的持股比例和投票权分别为：

王慧文持有0.7%的A股，拥有3.17%的投票权。

穆荣均持有2.3%的A股，拥有10.43%的投票权。

王兴持有10.4%的A股，拥有47.14%的投票权。

腾讯持有约20%的B股，拥有9%的投票权。

红杉持有10.4%的B股，拥有4.71%的投票权。

其他投资人还包括高瓴资本、老虎基金、DST毛里裘斯基金、今日资本、新加坡GIC等。

二元股权架构适合于那些将分红权给某些合伙人，但将决策权给创始人的多个联合创始人的企业，能够有效帮助创始人和大股东在公司上市后，仍然能保持对公司的控制权。

随着各交易所的激烈“交火”，我国香港也拟推出AB股，并限制1股B类股票最多不能超过10票的投票权。简单来说，如果你拥有公司100股的A类股票，那么你就有100票的表决权；如果你拥有公司100股的B类股票，那么你就拥有100×10，即1000票的表决权。AB股的核心就是同股不同权。

当前，我国采用AB股股权架构的企业有阿里巴巴、中国移动、中国电信、小米科技、百度、京东、网易、腾讯、美团等。

以百度为例。百度的招股书和年报数据显示：李彦宏的A类股权数达到了558万股，占总股份的16.1%。除此之外，李彦宏的B股持股数量达到549万股，投票权占53.5%。这就是李彦宏拿着16.1%的股权（低于51%），却能够对百度公司享有绝对控制权的原因。

虽然这种AB股股权架构能有效帮助创始人获得公司的控制权，但对于小股东来讲是非常不公平的，这会让小股东的建议无从见天日，最终还可能会因为“一言堂”而造成腐败现象。

金字塔式股权架构

一些十分强大的公司，往往会采取金字塔式股权架构。之所以称之为金字塔式架构，是因为这样的公司作为一个大型权益母公司（第一层），通过参与层次，控制子公司（第二层）和孙公司（第三层）……以此类推，多个层次的公司在控制链条的作用下，形成一个包含许多关系在内的金字塔式股权架构。

1.金字塔式股权架构的优缺点

（1）优点

通过多层次、多链条控制，可以达到融资与控制并举的效果，主要体现在以下两方面：

一方面，实现融资的放大。当一个控制人通过多链条控制更多子公司的时候，就可以借助最初的少量资金，实现对更多财富的控制。

例如，有一家民营企业，最初的投入资金只有100万元，在金字塔式股权架构的作用下，已经对其子公司、孙公司共计1亿元的资金拥有了控制权。

另一方面，牢牢控制整个企业。虽然金字塔式股权架构下，每一链条上的控制权和分红权是分离的，但却通过链条控制了公司上上下下，控制人对每个层级上公司的相关决策，都具有绝对的控制权。

（2）缺点

金字塔式股权结构的层级越多，链条越长，则最顶层的控制人对于控制权和分红权的掌控难度就越高。

2.金字塔式股权架构类型

金字塔式股权架构，根据层级和链条数量的不同，可以分为以下几类：

（1）三层金字塔式股权架构

三层金字塔式股权架构，顾名思义，就是金字塔共由三层构成：最顶层是实际控制人，主要掌控公司的控制权；中间层是持股公司，主要是放大控制权；最底层是经营公司，主要负责公司的日常业务，如图2-10所示。

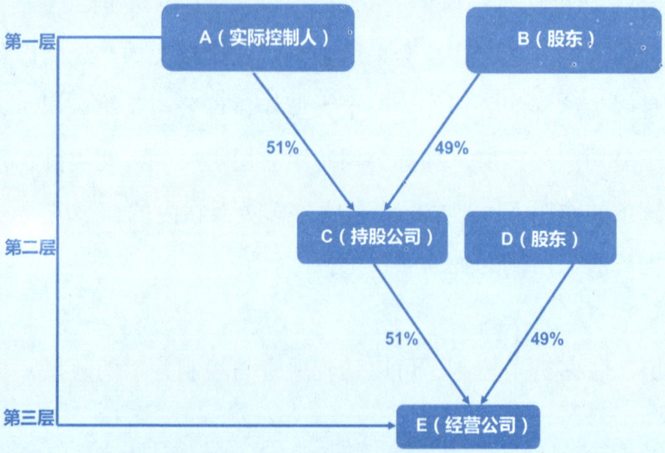

图2-10　三层金字塔式股权架构

①控制权。

A作为实际控制人，借助51%的股权控制持股公司C，然后持股公司C又借助51%的股权，控制经营公司D，这样最终实现了A对E的控制。

②分红权。

假如C和E两个公司的注册资金都是100万元，实际控制人A出资51万元，就实现了对股东B和D共计98万元（49万元+49万元）的控制。A在E公司的分红权就是51%×51%=26%。也就是说，如果E公司的利润是100万元，那么A就能从E获得100万元×26%=26（万元）的分红。

（2）多层金字塔式股权架构

多层金字塔式股权架构是公司整体参与层数超过三层的金字塔式股权架构。这种金字塔式股权架构，顶层和底层保持不变，变化的是中层部分，如图2-11所示。

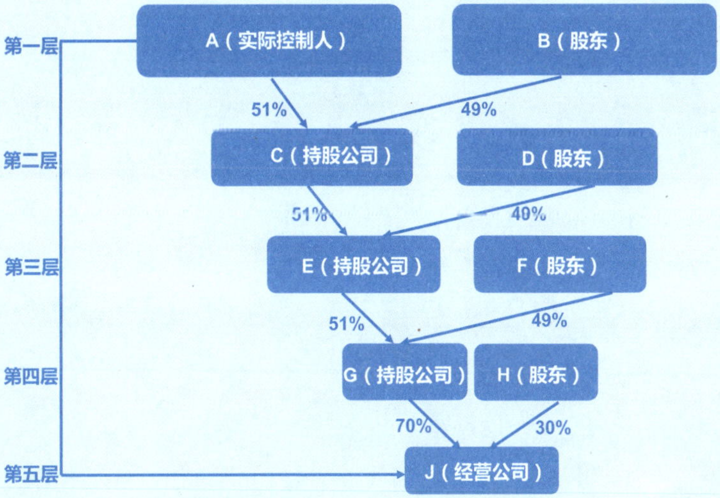

图2-11 多层金字塔式股权架构

①控制权。

A作为实际控制人，借助51%的股权控制持股公司C，然后持股公司C又借助51%的股权，控制持股公司E……以此类推，这样最终实现了A对J的控制。

②分红权。

假如C、E和G三个公司的注册资金都是100万元，实际控制人A出资51万元，就实现了对股东B、D、F和H共计177万元（49万元+49万元+49万元+30万元）的控制。A在J公司的分红权就是51%×51%×51%×70%=9.3%。也就是说，如果J公司的利润是100万元，那么A就能从J获得100万元×9.3%=9.3（万元）的分红。

第三章

制定机制：可持续发展，势在必行

与合伙人开公司，制度最重要。不但可以规范合伙人的行为，规范企业的管理，还能通过公平的激励方式，有效调动人们的工作积极性。股权战略中，更是少不了相关制度、机制的制定和约束，这才是一个想要持续发展的公司应有的长久之计。

动态调整机制：变中思变，未来可期

设定股权架构并不是一劳永逸的事情。公司在发展初期就设定了股权架构，随着其进一步发展，包括人才的引进、资金的引进、贡献价值的变化等，会出现早期股权架构与当下公司发展的实际需求不相吻合的情况。这时候，就需要借助相应的股权调整机制，对股权架构进行调整，以保证在更加优质的股权架构基础上，公司有更好的发展。

一个公司发展得好与坏，基础在于两点：一个是团队，另一个是股权。股权结构不合理，公司一定难以走得长远。

对于核心员工来讲，成为公司的全职员工，从公司领取工资是一种价值回报的获取方式。但从长期利益来看，工资并不足以为其带来长期利益，难以成为其留下来为公司长期贡献价值的理由。所以，公司就需要将股权分配比例调整好，达到合伙人人人都能接受的合理水平。

股权设计动态调整的作用

我们提到“股权平分，其实就是静态股权”。这种股权分配方式是一种糟糕的股权方式，容易引发不公平待遇，让股东之间心生嫌隙。

化解这一问题的最好方法，就是借助动态性股权调整机制来化解。公司的发展是动态的，股权也是一种动态分配方式，才能更好地适应公司的发展。

什么是动态股权调整机制呢？就是指合伙人在合伙创业过程中，每个人的股权不是一次性确定的，而是根据项目的不断发展和变化。他们的股权比例或股权分配不断进行调整，以达到更加合理、公平的状态。

如何更好地理解动态股权调整机制呢？我们先看一个案例。

有三个要好的朋友A、B、C，他们在各自领域都有一定的能力。在一次聚会上，大家发现了一个非常好的商机，所以大家走在一起开始创业。最初，由于A在大家当中的认可度很高，所以大家一致赞成50%的股权交给A，B和C平分了其余的50%。这个团队的发展非常稳定。

之后，公司换班子，又将A拥有的50%的股权全部转给了新成员D。D成了公司最大股东。后来，为了注入新鲜血液，公司空降了E，公司又从每个人手中拿出一部分股权给了E，公司的股权又一次发生了改变。就这样，没有了稳定的股权结构，整个公司的股权一片混乱。

这种情况直到一位新的领导人F的加入，公司混乱的股权分配模式才有了一次彻底的变革。F将公司股权进行重新分配，分配的原则是“按出力多寡”进行分配。所以，凡是进入公司的员工都有代持股份。在人人都成了股东后，每个人都为了自己的利益开始努力干活。

随着公司的不断壮大，整个公司上市了，公司每个员工都分得了股权，大家更加开心，更加愿意为了共同的事业而努力奋斗。

之后，公司被其他公司收购了，该公司的股权分配也发生了变化，一部分人则担任新的股东和董事会成员，由此也带来了一些问题和一些人的不满。

该公司的股权具有较强的复杂性。通常情况下，一个企业的股权是不会频繁发生变动的，但在实际过程中，企业的股权结构会随着企业的发展而发生变化。

好的股权分配，能根据合伙人价值贡献大小动态调整股权比例，达到长期动态优化的效果，并在此基础上，激发全体股东共同努力，大家合力共筑企业常青基石；坏的股权分配会让股东之间心生嫌隙，使人为了自己的私利而腐蚀整个股东的团结。

具体来讲，制定动态股权调整机制的作用有以下几点：

1.实现股权合理配置

创业者们虽然已经意识到了股权的重要性，但对于股权如何合理分配，却没有给予应有的关注。这样就导致很多企业的股权分配机制存在一定的弊端，不但没有推动企业的良性发展，反而使公司陷入僵局。

股权1：1分配的形式在现实生活中有很多，很多初创者认为大家共同创业都不容易，这种分配方式对每个人来讲比较公平。但久而久之问题就会显现出来。在实际发展过程中，创业者们就会发现，每个人所发挥的作用和贡献的价值大不相同，多劳多得才能更好地体现出股权分配的合理性和公平性。

股权的配置方案必须与公司的每个发展阶段相契合，而且要满足每个合伙人对多劳多得的需求，以实现各方利益的平衡。

2.破局传统分配思维

与传统的股权分配思维相比，动态股权分配机制的核心思路，就是根据合伙人贡献价值的大小，当分则分。这就意味着，进行股权分配是在每个人实际贡献产生之后。这种分配方式，打破了以往传统的预判分配思维，让股权分配变得更加合理化。

股权设计动态调整的优势

毋庸置疑，动态股权调整机制与传统的股权分配方式相比，具有诸多独到的优势。

1.公平

对于每一个创业合伙人来讲，股权分配不患寡而患不均。公平的股权分配方式才能让成员之间的凝聚力更强，工作热情更加高涨，干劲更足。动态股权分配机制，以贡献价值的大小为衡量标准，可以让每一个合伙人对自己分得的股权心服口服。

2.开放

动态股权调整机制的制定，需要每一个合伙人都参与进来，共同协商，共同制定，这就很好地体现了动态股权调整机制的开放性特点。

3.可量化

动态股权分配机制，其实是对每个人贡献价值的量化。能者多劳，劳者多得，是动态股权分配机制得以顺利落地的关键，可以激励每个人为公司带来更多的价值，以此获得更多的回报。

4.可操作

动态股权调整机制，是一种按实际情况分配相应股权的思维，只要结合每个合伙人的贡献价值就可以明确作出股权分配。与以往的预判性股权分配方式相比，不需要太多的技巧和成本，更具可操作性。

动态股权调整机制制定流程

那么如何设定动态股权调整机制呢？需要合伙人共同商讨，以保证其公开透明性。如何制订动态股权调整机制方案呢？

第一步，公司初创时，设定股权比例。

在注册公司之前，几个合伙人之间就应当商定好股权分配比例。可以结合各成员投入资金的比例，或者在创业筹备过程中每个人作出贡献的大小进行分配，确定一个大家都认同的股权分配比例。

第二步，协商并制订动态股权分配方案。

股权分配是要随着公司的发展和变化而有所变化的。在企业发展到一定阶段后，合伙人需要制订全新的股权分配方案。

首先，要结合公司的战略目标，划分初步的股权分配方案。

之后，再根据方案一步步拆解成具体环节。

然后，需要商定各个环节的贡献点和贡献值的指标。

最后，将讨论后的结果借助一个模板，将其固定下来。

需要注意的是，要让每个合伙人感受到公开性、透明性，就需要让他们每个人都参与到整个动态股权分配方案制订的过程中来。这样做还能有效起到相互提醒和相互监督的作用。

第三步，持续记录及公布贡献值。

公平、有效、合规、公开透明、持续地记录并公布每个合伙人的贡献值，是整个环节的关键。每个企业的“贡献点”和“贡献值”是不同的。贡献点，通常包括资金的投入、设备与物资的投入、人脉资源、其他资源引入等。贡献值，为工资水平减去实际领取的工资。

举个简单的例子。合伙人A在创业初期，投入500万元资金，其贡献值即为500万元。如果所有合伙人的总贡献值为1000万元，那么A应得的股份就是500万元÷1000万元=50%。

第四步，借助模板落实实践成果。

制订机制的最终目的，就是为了进行实践，收获有效的成果。企业发展需要经历不同的阶段，动态股权分配方案也需要在不同阶段发挥相应的作用。在股权动态变动的过程中，要借助不同时期合伙人的累积贡献值的比例，分配约定要分配的股权，保证每个合伙人能够在“多劳多得”的分配原则下，享有各自该有的股权。

第五步，设计配套股权调整机制。

股权分配方案一直处于动态变化当中，可能会存在调整阶段性目标、增加贡献点、增加或裁减合伙人等情况。

此时要设计配套股权调整机制，以保证公司在吸纳优秀人才进入的同时，还能作出有效的筛选，保证整个公司上下价值理念一致。

企业所处的环境多变且复杂，只有在变中思变，才能在剧烈的竞争环境中更好地生存下去，更加持久地发展下去。

案例4　某电商公司：动态股权分配[①]

某电商公司是由3位创始人合伙创建的。

甲是能力股，原来是一家电商公司员工，有很强的专业营销能力以及商务谈判能力，是公司的发起人。

① 案例来源于某公司实例，部分内容做了相应改动。

乙是资源股，之前是甲的客户，有较强的人脉资源和管理能力。

丙是资金股，是乙要好的朋友，具有较强的市场开拓能力，并为合伙创建的新公司提供了大量的启动资金。

公司的股权分配经历了两个阶段：

第一阶段：股权静态分配模式。

在公司发展初期，公司采取的是股权静态分配模式。也就是说，股权分配是根据每个合伙人为公司贡献大小来决定的。

对于电商公司来讲，对公司的贡献价值，取决于电商销售人员为公司赚取了多少收益，而不是取决于在公司创建时出资多少。但也不能完全否认出资多的合伙人为公司贡献的价值，也不能忽视品牌建设的重要性。所以，经过讨论，三位合伙人达成一致股权分配方式，即首先把公司运营构思、公司品牌建设、项目订单来源、项目运营与实施、经营责任、出资额度作为贡献因素，并赋予相应的权重。然后再根据每位创始人的能力，预估其对每一项贡献因素的投入，来计算每个人的估值在总估值中所占的比例，从而确定股权分配比例。然后再基于持股比例进行年终分红。

第二阶段：股权动态分配模式。

在第一阶段持续了两个财务年度之后，随着公司的不断发展，合伙人对于股权也有了更加全面的认知，并且公司经营环境以及合伙人自身也有了一些变化。

（1）乙由于家庭原因，投入到公司的精力明显下降，对公司的贡献价值也有所降低，却依然拿着以前的股权比例。

（2）公司新开发的产品打败了竞争对手，使公司占据了很大一部分市场份额，公司经营取得了成功，甲在其中作出了巨大贡献。

（3）公司招兵买马，使得员工增加至50人。为此，公司考虑发展几位新的合作人，以此来留住优秀人才。

为了使股权分配更加公平化，公司采用全新的股权动态分配模式。

随着公司的高速发展，再加上合伙人的贡献价值发生了变化，以往股权静态分配模式已经不再适用。所以，公司参考了某互联网公司股权融资时用到的公司估值理念，采用相同的公司估值方法，核算公司创建以来两年内的估值变化来确认增发比例。这样一来，甲和乙都能拿到公平的股权待遇，新合伙人也有股权可拿。后期公司发展的事实证明，该公司应用这种股权动态分配模式取得了不错的效果。

【案例点评】

任何一个公司都是在动态中发展的，随着参股人员或机构的进进出出，加之每个人、每个结构的贡献价值大小存在差异，所以股权分配比例也会随着价值的差异而有所不同。这家电商公司就是在这种规律下，不断改变股权结构和股权分配，以达到股权分配的合理性和公平性。

股东进入机制：设置门槛，把好门户

公司为了让自己变得更加强大，一方面要吸纳股东加入，另一方面又需要设置相应的准入门槛，对股东质量，包括股东资质、股东条件、股东行为等进行把控，建立完善的"防火墙"，确保每一个股东都能为公司带来正向的发展，为公司创造一个更加美好的未来。

不同类型股东的进入法则

一个人创业，钱一个人赚，多自在！为什么要找合伙人一起干？一个人创业，虽然赚钱都是自己的，但风险也都是自己的。因此，一定要找合伙人，大家有钱一起赚，有风险一起扛。但如果整个公司除了老板干活之外，其他人都是"打酱油"的，那么公司想盈利都难。那么如何才能选择好的合伙人成为股东呢？这是很多合伙人遇到的棘手问题。

一个公司，需要不同类型的人才参与。但对于每一位准入股东，企业应当事先设置不同类型股东的进入门槛，以保证每位进入的股东都能更好地为公司贡献自己的价值。

以下是不同类型的股东进入企业的准入条件：

1.管理型股东全职进入

作为一名管理人员，肩负着整个企业的日常事务。管理型股东要想进入企业，就需要花更多的时间和精力，全心全意地做好自己的本职工作。因此，管理型股东在公司一定是要全职的，要与企业一起承担风险。

如果管理型股东是兼职人员，那么他可以随时全身而退。假如公司做起来了，他就出来享受成果；如果公司没有做起来，他可以继续做兼职，而你需要承担公司风险。

对于兼职人员，不建议给其股份，当其转为全职之后再兑现股权，或者建议他做顾问型股东。

2.资金型股东溢价进入

我们在买东西的时候，往往同类同品质产品，我们会认为越便宜的越好、越值。那么什么是溢价呢？简单来说，就是出高价购买某一件商品。

在金融领域，溢价是指所支付的实际金额，超过证券或股票的名目价值或面值。

对于一个企业来说，人比钱要重要很多，有了人的经营，整个公司良性运作，钱不愁来。但如果有足够的资金，却缺乏相应的人才，那么公司想要长远发展，光靠砸钱，是不现实的。所以，在当前的资本市场中，“投大钱，占小股”，已经成为一种大家普遍接受的共识。

举个简单的例子。一个内部的创始团队可能估值是100万元，但对于投资型股东来讲，可能投资了70万元，却只占20%的股权。这就是一种溢价原则。

3.资源型股东量化进入

资源型人才也是企业必不可少的一部分。资源型人才，可以为企业带来很多人脉、客户和市场渠道。但对于资源型人才成为资源型股东，也是需要一定的准入条件的，而不是直接给。要知道，资源型人才的价值并不像资金投资一样，当下就能看到其贡献价值的大小。资源型人才的价值，需要在日后企业发展过程中逐渐凸显。如果你直接给了资源型股东股份，那么很难保证以后不会出现这样的情况：他所掌握的资源并没有为公司创造出理想的价值，甚至还会拿了股份之后什么都不干，只等着分红。

所以，对于资源型人才一定要设定好准入条件。将资源型人才的业绩和贡献价值通过考核的方式进行量化，如在约定多长的时间内，其业绩能达到多少，或其为公司带来的500名客户能够为你带来多大的利润。然后根据量化结果，给其相应的股权，使其成为公司的股东。

例如，如果某位资源型人才在半年之内为公司介绍500个大客户，或半年内为公司介绍的客户为公司带来了1000万元以上的利润，那么就让该资源型人才成为公司股东，并能拿到10%的股份。如果达成率达到100%~80%，则给其8%的股份；如果完成率达到80%~60%，给其6%的股份；如果达成率达到60%~40%，则给其4%的股份。如果低于4%，那么该资源型人才只能拿提成，不能拿股份，不能成为股东。

4.技术型股东考核进入

公司的发展也需要一定技术的推动。技术型人才要想成为技术型股东，就需要其技术必须能够帮助公司持续提升核心竞争力。

对于这一点，要体现设置相应的考核。技术本身是难以考量的。尤其是那些技术型公司，技术人员在整个公司运营过程中具有不可替代性。如何对技术人员进行考核，并给其相应的股权呢？

如果是技术研发公司，可以根据技术人员的技术研发进入、市场占有率等相关指标做考核。

5.顾问型股东拿结果进入

顾问型股东，其职责就是为公司出谋划策，提供一些咨询顾问服务。对于顾问来讲，要想成为公司的股东，就需要通过其以往的工作经验判断其顾问咨询是否有效，是否在未来关键时刻能够给公司做一些关键性指导。

新股东进入公司流程

公司在发展过程中都会进入新股东，但新股东如何进入呢？进入流程是怎样的呢？

第一步，明确新股东进入的方式。

新股东进入公司的方式通常有以下几种：

（1）老股转让

老股转让，即老股东将自己的部分股权转让给新股东。老股转让的方式要在保证不改变公司现有注册资本和实收资本的前提下进行。这种方式入股的股东，其投资款进入了老股东的口袋。这些款项，一般用于老股东的创业变现，与此同时老股东会因此获得部分股权转让所得，老股东需按照10%的税率缴纳股权转让所得税。

【答疑解惑】

老股东股权转让后是否还能行使原知情权？

知情权是股东享有的对公司真实经营情况了解和掌握的权利。《公司法》规定：股东不论大小都有股东知情权，有权查看企业的财务账簿等各类资料。对于老股东股权转让后是否能够行使知情权这一问题，有两种情形：

情形一：老股东将自己的部分股权转让后，依然持有剩余部分的股权，因此依然能行使原知情权。

情形二：股东将股权全部转让后，就意味着老股东退出公司，与此同时老股东也丧失了股东身份。此时，老股东不再对公司享有股东权，也无法行使原知情权。

（2）增资扩股

增资扩股，即公司增加注册资本，由新股东认购这部分新增资本。增资扩股的过程会使得老股东的股权被稀释。以这种方式进入公司的新股东，其投资资金进入公司，用作公司经营。增资扩股方式一般用于投资人或投资机构进入公司。

到底采取何种股东进入方式呢？这取决于老股东引进新股东的目的，或者是新股东进入公司的目的。

第二步，确认股东的出资金额。

在确认新股东支付的对价[①]时，还需要对公司整体进行评估，即公司除账

① 对价：指当事人一方在获得某种利益时，必须以金钱或承诺作为相应的代价。

面资产之外，还应考虑未来的盈利能力、已拓展的客户资源、市场份额等，以此为基础确定新股东的投入额。新股东出资，出资额不得低于注册资本的30%。

第三步，完成相关手续的办理。

办理相关手续的流程：老股东召开股东大会，对新加入的股东作出决议→修改《公司章程》→与新股东签订股东协议，包括出资金额、占股比例、认缴资本、出资时间等→办理转让或增资手续→到各部门完成变更和备案手续→全部完成。

股东进入时应当注意的问题

股东进入时，一定要谨慎行事。在实施过程中，如果忽视相关问题，事后会引发纠纷，这对于公司的发展非常不利。

股东进入公司时，应当注意以下几个问题：

1.反复考虑新股东进入是否对公司控制权产生影响

公司吸纳新股东进入，必定会改变公司原有的股权结构，老股东的控制权也会发生一定的变化。大股东掌握控制权，意味着对公司的经营、财务、认识、股权分配等具有重要的表决权。因此，大股东一定要反复考虑有新股东进入公司，会对自己对公司的控制权产生的影响，是否会波及自己享有绝对控制权的地位。

应当着重思考以下几个方面的问题：

①新股东与其他小股东的股权比例之和是否超过50%？

②在《公司章程》中已有的公司表决方式是否会影响自己对整个公司的控制权？

③自己对主要管理人员的委派是否有控制权？

④自身委派的董事成员数量是否在董事会中占有较大的比例？

2.是否现金出资

应当确定新股东加入是以什么形式出资的，是现金还是实物或技术、资源等。

如果新股东是以现金的方式出资，可以采取增加原公司注册资本和老股东转让其部分股权的方式，保持公司原注册资本不变。入股之前要明确公司的“家底”到底有多少，即明确公司的净资产有多少。

如果新股东增资的方式是非货币性资产，需要考虑该非货币性资产在公司的实用性，以及未来是否会给公司带来收益，会带来多大的收益等，这些都要作出相应的评估。

股权退出机制

所谓“铁打的营盘流水的兵”，一个公司有新股东进入，也会有股东退出。这样的核心人员波动十分常见。股东退出不像普通员工退出，如果做不好股东退出工作，就会因为股权问题影响公司的正常经营。因此，设定股权退出机制，很有必要。

股权退出情形及股份处理

股东手中的股权可以以股权转让的方式退出。常见的股权退出情形如下。

1.正常退出

正常退出，主要是针对激励对象与公司正常、和平“分手”的情况。比如在职员工在短期内面临资金压力时，想要申请退出变现。

对于这种情况，如果公司内员工股东多的话，可以设定一个办理窗口期，也就是在每年固定的某个月，为这些正常退出的员工股东办理退出手续。这样集中时间做股权退出，办理效率更高。

股权正常退出程序是：员工填写申请表，包括辞职、解除或终止劳动合同等，公司董事会批准后，即可正常退出。

【股份处理】

在这种正常退出情形下，公司会以原认购价格代为回购其持有的股权，并且不再发放其当年的红利。

2.特殊退出

特殊退出，即在某些特殊情况下，可能双方都没有过失，但不得不做股权退出的情况。特殊退出的情形包括以下几种：

①激励对象丧失劳动力。

②激励对象死亡或被宣告死亡、被宣告失踪。

③股东达到法定或公司规定的退休年龄。

④股东不能胜任岗位工作，或不能服从公司安排。

⑤因其他非股东过失而终止劳动合同。

【股份处理】

这种情形，如果不影响股东权利的行使，不影响公司的发展，经董事会批准，该股东可以保留股东权利。

3.除名退出

股东在公司经营过程中由于自身过失或恶意行为导致公司除名而引发的股权退出，我们将其称之为除名退出。

除名退出包含以下情形：

①股东持股后没有达到绩效考核要求。股权激励本就是为了激发员工的工作积极性，可以设置一个绩效考核底线，如果未达标，公司可采取相应的措施。

②当股东严重损害公司利益时，如泄露公司商业机密、吃回扣、侵犯公司知识产权等。不论触及哪条红线，公司都有权将其除名。

③未经执行董事批准，就擅自转让、质押公司股份的股东，公司有权将其除名。

④激励对象严重违反《公司章程》或法律法规，公司可对其进行除名。

【股份处理】

对于这类股东，公司有权取消其股东身份，并无偿收回其股权，不对其发放当年红利。情节较严重的，这类股东还需要向公司做相应的赔偿。

4.协议退出

协议退出，即根据签订的相关协议，当股东在公司所持股份达到一定期限时，则协议退出股权。

【股份处理】

该种情形下，公司回购其持有的股权，回购价格按照现价[①]回购。但股东可以根据自身需要，从以下两种回购方式中进行选择：

①一次性回购。由公司将其所有股权一次性回购，并按上一年度的分红标准支付其5年的红利。

②分批次回购。由公司分5年，每年以20%的比例对股东的股权进行回购。股东有权根据每次回购时公司上一年度的净利润以及其拥有的股权数额获得红利分配。但如果股东在这5年内不幸死亡，公司将有权用现价回购剩余的股权，并且终止为去世的股东发放红利。

股东必须在规定的时间内作出选择，并以书面形式向董事会申请。如果未按期限作出选择，董事会则默认股东选择一次性回购的方式。

计算股权退出价格

作为公司股东的一员，无论是资金还是技术、资源方面都对公司投入了一定的成本，做出了相应的贡献。因此，在股东退出所持股权时，应该给出其一个合理的受让价格，根据股东的贡献价值或股权价值，在公平对价的基础上，与股东约定股权退出价格。

股权回购，其实就是股东所持股权“买断”。回购其股份时，必须承认退出股权的股东对公司的贡献，不要为了压低退出价格就完全不考虑股东曾经对公司的贡献。在此基础上，按照一定的溢价折价回购股权。

在具体确定退出价格时，需要考虑四个因素：

1.退出价格基数

不同企业，其商业模式不同，在退出价格基数的选择上也会有所不同。

比如，某互联网公司上市时，其估值大约为300亿美元，但公司的资产负

① 现价，即定价。现价=原价+利润。

债表中的数据却并不太美。

2.股东购买股权价格

可以考虑按照股东当时掏腰包购买股权的购买价格的一定溢价回购。

3.公司净利润

对于稳定盈利的企业，股权代表的是公司长期的价值。可以考虑公司净利润的一定溢价回购。参考公司净利润的时候，一定要参照公司发展过程中3~5年时间内的净利润。否则时间太长，远离企业发展现状；时间太短，不具有精准性。

4.市场估值

每一次有机构对公司进行投资，都会对公司做一次估值。因此，可以在这个估值的基础上做折价回购。

以上四种情况，其实归纳起来，都适用于这个公式：

股权退出价格=入股价格+持股期间的增值收益×一定比例

入股价格，是入股时点①的价格，这个价格已经是确定的。

持股期间的增值收益，就是股东在一定的持股时间内所收获的股权增量部分。

一定比例，可以设置成自入股时点算起，1年内享有的比例是0，1~2年内的持股比例是20%~30%；2~3年是50%~60%；3年以上是100%。这种阶梯式的持股方式，就能很好地引导员工长期持股，持股时间越长，享有的收益也越大。

不同股东股权退出渠道

股权退出，在正常情况下，是指投资人或投资机构、核心员工等，在其投资的创业企业中，将其股权出售，以收回投资成本，并赚取投资收益的过程。

---

① 入股时点，即入股的时间节点。

公司的股东类型大致分为联合创始人、投资人、员工。不同类型的股东，其适用的股权退出渠道也有所不同。

1.联合创始人的股权退出渠道

在创业初期，创始人和联合创始人各自占有相应的股份。但天下没有不散的筵席，联合创始人离开公司是常有的事。联合创始人的股权，在任何情况下都应当设定成熟机制。其目的就是为了公司能够从离职联合创始人那里收回股权。

联合创始人股权成熟机制的内容是：每一个联合创始人在一开始就获得属于他的全部股权，如果中途有人离开，公司有权以极低的价格，采用公司回购、其他股东收购的方式，收回联合创始人的股权，以达到联合创始人股权退出的目的。

（1）回购退出

回购退出，即企业经营者或所有者，从联合创始人那里回购股份，以达到联合创始人股权退出的目的。

（2）收购退出

收购退出，即通过公司的其他创业股东收购联合创始人持有的股权，达到联合创始人退出股权的目的。

回购退出和收购退出方式，其优点是即便股权被回购、收购，但公司却被完整地保存了下来，有效避免创业公司因资本的退出而造成企业运营的“大地震”，而且公司老板可以掌握更多的决策权和主动权。此外，回购退出、收购退出方式，其交易复杂性较低，成本也较低。显然，回购退出和收购退出，对于公司来讲，更为有利。

【答疑解惑】

合伙人离婚，股权该如何退出？

很多公司是夫妻合伙人共同创建，但有的夫妻会因为婚姻破裂而牵扯到公司股权的问题。

很多人认为，公司是夫妻双方共同创建，所以公司属于婚后共同财产，公司股权也属于共同所有。其实不然。所谓投资，就是投放一定的货币或实物，用于经营某项事业。也就是说，如果夫妻双方的一方对股权进行了主动管理，则股权属于投资收益；如果投资者未参与公司运作，又没有付出劳动，那么股权则属于个人收益。

离婚会导致公司实际控制人发生变更。因此，为了日后减少不必要的麻烦，夫妻双方应当提前约定财产的归属。夫妻之间可以签署“土豆条款”（该条款是由土豆网专门针对夫妻合伙开公司所面临的相关股权纠纷问题而制订的合同条款），约定配偶自愿放弃公司股权。

条款无情，人有情。为了不至于夫妻双方日后相互关系亮红灯，可对“土豆条款”进行情感化改造，以保障配偶离婚后享有一定的经济性权利。

2.投资人的股权退出渠道

公司的运作离不开投资人的资金注入。对于投资人而言，其股权退出渠道呈现出多元化的特点。

（1）IPO退出

IPO（Initial Public Offering），即首次公开募股，这其实就是我们常说的上市。IPO是指公司发展进入成熟阶段之后，可以在证券市场挂牌上市，这是私募股权投资资金实现增值和退出的方式。

企业上市，通常分为境内上市、境外上市两种。

境内上市顾名思义，即国内股份有限公司在本国证券交易所挂牌交易，如深圳证券交易所（简称“深交所”）、上海证券交易所（简称“上交所”）。

境外上市即国内股份有限公司在境外证券交易所挂牌上市，如香港证券交易所（简称“港交所”）、纽约证券交易所（简称“纽交所”）、新加坡证券交易所。

【答疑解惑】

为什么在香港上市属于境外上市模式?

香港地区证券监管体制与内地的监管体制有所不同，但与国际证券监管体制接轨，在其上市模式依然被视为境外上市模式。

一般来讲，企业一旦通过IPO退出，就可以获得高于几倍甚至几十倍的高额回报。这也是为什么很多投资人喜欢IPO退出的原因。

有利必有弊。IPO退出虽然收益高，但相比于其他退出渠道，也存在一定的弊端，如门槛高、周期长、监管严、成本高、手续繁琐等，这些都是不可控因素。由此也就变相推迟了投资人、投资机构退出变现的时间，使得股权退出存在一定的风险。

（2）并购退出

并购，是指一个企业或集团通过购买其他企业的部分或全部股权或资产的形式，达到对其他企业的经营管理影响、控制的目的。

并购分为正向并购和反向并购。

正向并购，是为了使企业价值持续快速提升，将并购双方进行对价合并，投资机构的股份被稀释之后，可以继续持有股份或选择直接退出。

反向并购，即直接以投资退出为目标进行的并购。

对于追求速度的投资人来讲，并购退出能够实现快速退出变现。而且该退出渠道也是整合行业资源最有效的方式。

并购退出的优点在于：退出复杂性低，花费时间较少，方式灵活多样；弊端在于：成本高，容易使企业失去自主权，而且企业还需要寻找合适的并购对象、合适的并购时机。可以说，并购退出需要具备“天时地利人和”的条件。

（3）新三板收购退出

新三板，全称“全国中小企业股份转让系统”。该系统是我国多层次资本市场的一个重要构成部分，是继上交所、深交所之后的第三家全国性证券交易场所。

新三板收购的退出方式有两种：做市转让、协议转让。

做市转让，即在股权转让的过程中，买卖双方之间添加一个中间人，这个人必须是具备一定实力和信誉度的独立证券经营法人，我们将这个中间人称为“做市商”。

协议转让，即股转系统作为中间人，买卖双方通过洽谈协商，达成股权交易。

新三板收购退出方式的优点在于：市场化程度比较高，发展速度比较快；机制比较灵活，挂牌条件宽松；挂牌时间短，成本低；国家政策大力扶持。

弊端是其流动性和退出价格备受投资人诟病。主要是因为投资者门槛过高、做市商定位存在一定的偏差、做市商数量不足等。

（4）股权转让退出

股权转让是投资机构依法将自己的股权有偿转让给他人，从而使自己手中的股权实现退出的一种方式。

股权转让这种股权退出模式操作性很强，能够使得投资人或投资公司能够稳定、迅速退出。此外，股权转让后可以立即收获现金或可流通证券。但是，在进行股权转让退出时，由于其内部决策过程较为复杂、法律程序较为繁琐，因此会影响股权转让的成功率。

（5）公司回购退出

回购退出，即企业经营者或所有者从出资人那里回购股份，以达到出资人股权退出的目的。

（6）清算退出

对于那些已经被确认失败的项目，投资人应当尽早对创业资本作出清算，以便作出股权退出，达到尽快止损的目的。

清算退出包括：亏损清偿、亏损注销两种形式。

亏损清偿，即如果一家公司破产，选择破产清算，则股权价值清零，其余损失由债券投资人吸收。

亏损注销，即当公司宣布破产或解散时，公司需要到登记机关申请注销。

此时，股东的股权可以经过清算后进行退出。

破产清算是一种不得已而为之的股权退出方式，其优点是能收回一部分投资。缺点是，公司倒闭后进行清算，需要走较为复杂的法律程序，耗费时间长，而且因为项目投资亏本，很可能会导致投资收益率为负数。

如果公司未能在一定期限内按照以上几种退出方式执行，那么公司则要按照事先约定，以一定的利率将投资人的本金及利息返还给投资人。

3.员工股权退出渠道

为了更好地管理和留住员工，公司会拿出一部分股权分给员工，作为对员工的激励。但员工的流动性较大，一旦有员工离开，就应当及时将其股份收回。如何收回呢？当然需要靠股权授予之前做的股权约定行事：

①如果当时授予员工的是股权，当员工离职时，其股权可以由公司或股东收回；

②如果当时授予员工的是期权，又分为两种情况：

对于已经行权的期权，是员工自掏腰包购买的股权。如果公司已经被并购或上市，员工的股权不做回购。但如果员工离职，则公司按照约定的价格回购其所持期权。

对于已成熟未行权的期权，是员工通过自己的努力和贡献赚得的，即便员工在离职时依然没有行权，但员工依然享有行权的权利。这个时候，应当给员工选择是否行权的机会。如果员工选择行权，则按照约定的行权价格回购其所持股票。

如果授予员工的是未成熟的期权，那么员工离职时，公司将其所持期权全部收回，并放入公司的期权池当中，以备日后所用。

案例5　浙江某鞋业股份有限公司：成功实现IPO退出

浙江某鞋业股份有限公司（以下简称“浙江公司”），是一家经营十多年的企业，主要致力于皮鞋、皮具、服饰等相关产品的研发、生产、销售工作，在国内具有一定的知名度。

2007年8月，15名股东共同设立了浙江公司，注册资本2000万元，公司股份共计2000万股，每股价格定为1元，每个合伙人都以货币出资的形式缴纳股本。2008年7月，浙江公司进行增资扩股，股份增加到了22000万股。此后，公司规模迅速扩大，业务快速增长。2010年，上海某创业投资公司（以下简称“上海创投公司”）以1.05亿元认购公司增发股份14064557股，每股作价[①]7.4656元。此后，上海创投公司正式进入浙江公司。

在引进私募资本、完成股权架构调整之后，浙江公司开始进入下一个发展阶段，即通过收购股权等方式，完成在全国的布局，为成功上市做筹备工作。

2015年6月，浙江公司在上交所首次公开募股，成功上市。公开发行股超过8000万股，首次公开发行价为每股17.7元。此时，浙江公司的市值达到了3.61亿元，投资回报率为3.44倍。

之后，因为上海创投公司持有的股票期满12个月，因此该创投公司开始实施股权退出。2016年7月，在浙江公司首次公开募股满12个月不久，上海创投公司通过减持，成功实现了股权退出。按照当天成交均价每股23.3元计算，此次IPO退出取得成功后，上海创投公司共获得47232万元投资收益。

【案例点评】

从创立之初，仅六年的时间，浙江公司就通过首次公开募股获得了3.44倍回报。因此，在一个企业各项经营状况良好、符合首次公开募股条件的情况下，可以考虑上市。而且公司实施IPO退出，对于公司和投资人来讲，都是好事。

股权退出机制设定应当注意的问题

涉及股权的企业，在明确股东准入门槛问题的同时，一定要注意股权退出机制设定的相关问题，以免在日后实施的过程中留下隐患。

1.提前制订退出机制

大家合伙干事业，一定要好聚好散，这样才能保证不会引发股权之争，不

---

① 作价：在出让物品、赔偿物品损失或以物品偿还债务时估定物品的价格。

会导致利益亏损。而这一切，都需要通过提前设置退出机制来保驾护航。如果公司的退出机制不明确，预期不明朗，那么最后走到分家的那一天，势必会给公司带来一场灾难。

公司在建立之初，就需要在《公司章程》中或股东协议中制订合理的退出机制，对股东的退出方式予以约定。这样，在股权退出的过程中，公司和股东之间的法律问题可以通过合同约定来解决。

2.设定高违约金条款

在股权退出的过程中，很有可能会伴随股东利益纠纷问题。为了防止退出股东不配合办理股权回购工作，可以在退出机制中设定高额违约金条款，以此对那些违规股东加以约束。

3.明确股权接手人资格

既然是做股份转让，就一定要明确转让对象。因此，要通过合同或协议，明确股权转让的受让人。当股份转让合同已生效，或者股份完成交付之后，受让人即成为股东。

第二篇

股权激励：企业经营增长的加速器

第四章

内部激励：激发员工核动力

一列匀速向前行驶的火车，要想让其加速跑起来，就需要给其一定的动力。动力越强，火车加速度就越大。对于一个企业来讲，整个内部运行，其实就好比一列火车，而员工则是整个火车的动力装置，要想让其更加快速地动起来，为公司创造更多、更大的价值，就需要有一定的“加速器”来激发他们。股权激励，就是这个“加速器”。但用股权激励员工，并不是一件随心所欲的事情，需要有切实可行的方案做指导，才能保证最大限度地激发员工的核动力。

股权激励方案设计前须知

想要做好一件事，首先要了解这件事背后的本质。同样，企业想要做股权激励，首先要在制订股权激励方案之前，了解股权激励相关的知识。

那么，什么是股权激励呢?

股权激励，就是国内公司将自己的股权或股权收益授予其中高层管理人员、业务员、技术骨干等，使得他们与公司共同决策、共享收益、共担风险，从而保证员工与企业能够长足发展。

股权激励的作用

实施股权激励，主要目的就是为了帮助企业更好地管理员工和约束员工，同时企业也可以在实施的过程中受益。可以说，股权激励能够帮助企业解决很多方面的问题。

1.解决人才引进和人才流失问题

员工拥有股权具有如下优势。

（1）快速积累财富

员工持有公司股份后，可以在工资奖金之外获得更多的收益，满足其日常消费的刚需，实现财富的快速积累。

在阿里巴巴，坐拥公司股权而身价达到百万、千万的员工比比皆是。而在传统企业里，员工若只靠工资积累如此多的财富，是难以做到的。

（2）心理需求得以满足

持有公司股份，可以让员工从一个打工者身份获得身份认同，成为企业的主人，在很大程度上满足员工的自豪感和归属感需求。

（3）实现个人梦想

每个人都希望自我价值能够最大限度地发挥出来，都希望实现自己的人生梦想。股权激励作为企业的一个平台，让更多优秀的人有了发挥自我价值的机会，让员工觉得一切努力都是为了自己，从而有效激发了员工的工作潜能。

有股权激励的企业，就长远利益来看，对员工的吸引力远胜于无股权激励的企业，这样的企业能够很好地吸引优秀人才进入企业。同时，能够通过“利诱”的方式，让员工不会轻言“去留”，为公司有效留住了人才。

2.解决公司业绩低下问题

在过去的雇佣制下，老板与员工是雇佣关系。基于此，无论老板还是员工，都认为彼此是利益对立关系，老板觉得员工干得越多越好，拿的工资越少越好；员工觉得自己干得越少越好，拿的工资越多越好。因此，企业内耗问题严重，老板与员工关系极不和谐。

如果企业采用股权激励方式，那么以往的利益对立关系就会发生改变，员工持有股权后，愿意为老板主动分担事情，呈现出一片“你好我好大家好”的局面。对于整个公司而言，工作效率能够得到有效提升，业绩也能实现快速上升。

3.解决公司的薪酬压力问题

大部分非上市公司都存在资金短缺的问题，股权激励方式可以降低公司的经营成本、减少现金流出。因此，股权激励还可以有效解决公司薪酬压力问题，主要体现在以下几个方面。

首先，股权激励，其本质就好比给每个员工建立了一个账户，这个账户可以是虚拟账户、期权账户等，通过股权的形式将企业资产数字化，在日后某个时间点才会以现金或股票的形式发放给员工。

其次，如果员工想要离职，其持有的股权会因其离职而使得未兑现部分的业绩股票被取消。

最后，股权获得的方式可以是通过奖励获得，也可以是通过员工主动以现金的方式出资认购获得。这样就为公司注入了新的现金流，供其周转，有效减轻了公司的薪酬压力，帮助企业实现长期稳定持续的发展。

股权激励能够为员工和企业带来实实在在的利益，能够使双方实现共赢。这就是股权激励的妙处。

股权激励方案设计原则

股权激励本质上是将员工与公司捆绑在一起，让他们发挥共同的作用。但对于一个公司来讲，真正重要的是在整个发展过程中，让股权激励实现落地。在实际情况下，很多公司会发现，做股权激励本身是好事，但很多时候却将好事办成了坏事，距离预期效果甚远。

究其原因，是公司在股权激励方案制订的过程中，没有遵循相应的落地原则。

1.以奋斗者为本的原则

很多公司在实施股权激励方案的时候，以岗位为基础，以工作年限为依据。

比如，公司高层分10股，中层分6股，基层分2股；工作年龄5年以上的分10股，3~4年的分6股，2~3年的分2股。

这种股权激励方式不是不可以，但绝对不科学。因为这种方式将职位高低、工作年限长短作为股权激励的参考指标。这种方式本质上属于福利分配，而并不是真正意义上的股权激励。

真正意义上的股权激励就应当以绩效为中心，以奋斗者为本。

如果一个公司仅凭借职位高低、工作年限长短作为股权激励依据，那么这种激励模式下，必然会滋生出偷奸耍滑、懒散怠工的蠹虫。更何况，那些真正为公司出力、贡献价值的员工，对这种偷奸耍滑却还能拿股权的股权激励方式必定心怀不满。这对于公司的发展显然有害而无益。

但如果一个公司能够以一种英雄莫问出处的心态，只看个人为公司贡献价值的大小，秉持靠自己努力奋斗拿股权的理念，那么公司的整个发展局面将会大不相同：全公司上下，无论岗位高低、无论工作年限长短，都在为了获得公司股权而积极上进、努力奋斗。大家干劲十足，紧张而有序地忙碌，公司业绩节节高升。这样一片蒸蒸日上的画面是每个企业都希冀的。

职位高的岗位固然重要，但其未必就是奋斗者；工作年限长的人伴随企业发展时间较长，他们固然对公司忠诚，但一个企业的发展好坏与否，并不是看过去，而是看未来。股权激励的目的就是为公司未来的发展选拔那些真正能脚踏实地为公司创造价值的员工。而那些奋斗者，恰好就是公司最需要的人。

因此，可以说，秉持以奋斗者为本的价值理念，是公司股权激励方案得以顺利落地的先决条件。

2.保持公司控股权的原则

股权激励是一种势不可当的股权战略形式。越来越多的企业家都认同股权激励在公司发展过程中的重要性，认为良好的股权激励有助于公司增强对人才的吸引力，促进公司与员工共同做“大蛋糕”。但与此同时，他们也会意识到一个重要的问题，那就是在进行股权激励的时候，必须保证公司的控制权不动摇。

公司的控制权是公司大股东享有的经济性权利，也是一种利益存在方式。公司控制权的正当行使会对公司的发展产生巨大的影响。

股权激励的作用之一，就是将股权分配出去，使得分得股权的人能够自动自发地承担相应的责任，为公司的发展付出劳动。实施股权激励，不仅仅是对核心员工进行激励，还可以对高管等进行股权激励。这时候如果股权分配不合理，会影响公司的控制权，使公司陷入混乱的困境。显然，这样的股权激励是不成功的。一方面，股权激励实施过程中，股权分配影响公司控制权的稳定；另一方面，公司控制权的稳定决定了股权激励的顺利实施。

那么在实施股权激励的时候，如何保证公司控制权的稳定性不受影响呢？

（1）把握好企业的股权所占比例

在股权激励的过程中，有很多制度在设计的时候注重对公司控制权的把握。从前文中我们得知，公司股权结构中有三个非常重要的临界点：

67%：占股67%以上的股东对企业有完全控制权，保证绝对的控制权。

51%：创始者的股权比例最好不要低于51%，享有对公司的相对控制权。

34%：占股34%以上的股东享有重大事项决策权，保证了公司的安全。

把握好这三个点，就能将公司的控制权牢牢握在手中。

在股权激励方案设计的过程中，只要做好相应的制度设计，做好股权布局，创始人全权可以掌握公司的控制权。

（2）投票权与股权相分离

在股权激励的后期，会涉及注册股。在这个时期，创始人要做的就是防止新股东稀释自己的控制权。这里特别需要讲的是：在相应的法律中规定，投票权和股权是可以分离的。创始人为了保持公司控制权的稳定性，可以将投票权从其他股东的股权分离开来，然后把投票权交给创始人行使。

3.激励对象“二八原则”

在营销领域有一个非常著名的“二八原则”，即一个公司所获的所有利润中，有80%是由20%的老用户带来的。这个原则同样适用于股权激励。

对于股权激励来讲，这一原则主要是针对股权激励对象而言的，即企业中80%的产值，都是由20%的员工产出的。这也就意味着，公司做股权激励，激励对象应该是这20%的员工。

当然，这个20%只是一个参考数值。不同行业激励的员工比例也会存在差异。

比如，在那些人力资本比较密集的行业，激励对象如果依然是20%，就不符合实际情况。适当地将这一数值提升至30%~40%也是可以的，甚至可以提升至更高的比例。具体激励对象的比例是多少，要看激励对象对所在企业的重要性有多大。

比如某企业是资产密集型行业，企业对于知识型员工的需求量较少，所以企业对于知识型员工的激励比例可以适当降低5%~10%。

4.长期有效平衡的原则

股权激励并不是公司老板头脑一热的事情，而是一个需要长期去做，并要一碗水端平的事情。

（1）注重长期有效性

有的老板当年公司效益非常不错，赚了不少，为了犒赏功臣，就突发奇想做起了股权激励。然而，到了第二年公司整体效益下滑，老板认为这个时候如果还给员工分股权，实在是不够聪明。

其实，凭老板心情决定是否给员工股权激励的方法才是真正不够聪明的做法。公司整体效益下滑，并不是所有员工都没有为公司贡献价值造成的，而是由其他诸多因素导致的。

如果上一年公司效益好，就做股权激励；本年度公司效益不好，就不做股权激励。对于那些尽自己最大的努力为工作贡献价值的员工来讲，则会心怀不满，由此失去了工作的积极性。从长远角度来看，不利于公司的长远发展。

因此，股权激励应当是一种长期有效的机制。在制订股权激励方案的过程中，应当目光放得长远些。

（2）注重长期平衡性

有的公司，一味地想要吸纳人才，却忘记了激发潜在的卓越者。因此在制订股权激励机制的过程中，只注重奖励历史贡献者，却忽视了现在的奋斗者。

企业的发展壮大，离不开各类人才持续为公司发光发热。因此，对于各类人才，只要达到一定的条件，都应给予平等的股权激励机会。

对于那些历史贡献者，应当借助相应的业绩考核机制，对其持有的股权比例进行动态调整。

对于那些进入公司的新员工，应当给其预留一定的股权激励空间，以吸引更多能人志士的加入，与公司共发展、共成长。

5.坚持公开公平原则

对于财富、事业、名誉的追求，是绝大多数员工的梦想。但与这些相比，员工更加渴望的是能够在公平的基础上收获财富、事业和名誉。

在实施股权激励方案的过程中，也一定要本着公平、公开的原则，确保多方参与、分配合理，从而换来员工心灵的认同和支持。

在实际操作过程中，很多时候会出现不公平现象。这种现象会导致部分员工对股权激励机制的实施产生不满，甚至是抵触情绪。这样，公司实施股权激励的过程就变得比较艰难。

为了公平起见，公司需要设立一定的激励门槛，包括员工的岗位价值、个人价值、历史贡献、未来成果等，以此作为筛选条件，而不是由老板随意指定，或基于个人情感而给员工“开后门”。

股权激励在落地的过程中出现不公平问题，主要原因有以下几点：

（1）参选门槛和激励额度设置缺乏科学性

如果员工的参选机会是由老板随意指定的，或基于个人情感而给员工“开后门”，这样会让那些真正为公司作出贡献的员工失去参选条件，进而让他们感到心寒。

还有一种情况：同样属于被激励的员工，有的人获得了1000元奖励，而相同职位的同事却获得了10000元奖励，这种没有考核依据的奖励会直接造成员工收益的不平衡。这样做员工虽然获得了形式上的激励，但内心并不会感恩，甚至会产生副作用。这样的激励不如不做。

（2）激励机制中缺乏行之有效的监管体系

如果只有股权激励，却没有行之有效的监管体系加以配合，会导致股权激励对象用投机取巧、以貌似合规的方式获得股权收益，而非通过自身努力获得，最终损害的其实还是企业的整体利益。

基于上述问题，企业家一定要注重股权激励进入门槛和分配额度的激励性原则，同时要兼顾公平性原则。公平的激励机制才能促使员工积极贡献。在制订股权激励方案后，多方参与，并将其设计、讨论、修改的过程公之于众。不仅公司高管、股东同意，还需要征求被激励对象的意见。只有确保股权激励的公平性，才能让员工感到自己的贡献获得了合理的回报，才会更有干劲。

此外，应当建立与股权激励相匹配的考核制度。让考核结果决定员工是否有权拿到股权，这体现的也是一种公平性，有效杜绝了分配不公的问题。

九种常用股权激励模式

正规合理的公司会让员工对未来充满希望与信心。对于公司来讲，无论大小都要做股权激励，留住公司骨干，吸引外部优秀人才，以便更好地提升公司业绩产值，让公司高速发展。股权激励的模式有很多，选择合适的激励模式才能让激励效果超乎想象。

在股权激励的实践过程中，随着企业管理的不断创新，股权激励模式也逐渐呈现多元化特点。不同的股权激励模式适用于不同的企业，为公司的发展发挥重要作用。

在企业股权激励模式中，常见的股权激励模式总体上可以划分为三大类型，各个类型各具优劣。

1.实股类

股权激励模式中的实股，是有限责任公司的实际股权，代表着股权的持有者对公司的所有权。实股是一种稀有的、昂贵的资产，好给不好收。实股类股权激励模式有限制性股权、业绩股票、员工持股计划等。

实股类股权激励的优点：激励对象的收益可以在短期内得到兑现，通过出资加大了激励对象对股权的珍惜度，更有助于调动员工的工作积极性。

实股类股权激励的缺点：会在一定程度上稀释原股东的控制权，给激励对象带来较大的用于购股的资金压力，而且企业和激励对象双方都存在一定的风险。

2.虚股类

股权激励模式中的虚股，即虚拟股份，是公司授予激励对象的一种虚拟股票。持有虚拟股份的激励对象只享有一定数量的分红权和股价升值收益，不享有所有权和表决权等。

虚股类股权激励模式有虚拟股权、股票增值权等。

虚股类股权激励的优点：不影响公司的总资本与股本结构，股东的控制权也不会受到影响。

虚股类股权激励的缺点：偏向奖金激励，激励对象会因此产生强烈的分红意愿，进而会给公司的现金流带来一定的压力。激励对象可能会更加注重短期收益，企业和激励对象之间的经营风险和收益之间存在不对称性。

3.期股类

股权激励模式中的期股，就是在一定期限内，激励对象的虚股可以转换成公司的实股。

期股类股权激励模式同期股。其优点是公司的增值与企业效益紧密关联，可以很好地引导激励对象关注中长期收入。激励对象不必一次性支付购股资金，能够有效降低激励对象的出资压力。缺点是：在激励力度方面存在一定的不足。

总的来说，实股适用于一般合伙人；虚股适用于业绩型员工；期股在大多数情况下通用。

面对不同类型的股权激励模式，企业作出合适的选择，才能保证收获理想的激励效果。

股票期权模式

股票期权是当前最为经典的一种股权激励模式。该模式在国际上被广泛使用。

股票期权是指股份公司赋予激励对象购买本公司股票选择权的权利。拥有这种权利的人，可以在规定的时间内以实现确定的价格（行权价）购买公司一定数量的股票。当然，如果不想购买，可以选择放弃，但不得将期权转让于他人。

1.股票期权激励模式要点

实施股票期权激励模式的时候，要明确以下几点：

（1）被激励对象享有的股权选择权是期待权

被激励对象预先获得的股票选择权属于期待权，其中包含着被激励者的期待利益。

期待权是受到法律保护的，具有预先效力。激励对象在获得股票期权之后，其应得的利益就受到法律的保护。

（2）期权激励的核心在于股票存在差价

股票的价格是可以上下浮动发生变化的，被激励对象可以享受股权差价所带来的利益。这也是为何期权激励能够成为激励模式的原因。

（3）期权激励收益与风险并存

由于期权的股票价格是可以上下浮动的，所以，激励对象可以因差价获得利益的同时，也存在因差价而带来亏损的风险。

（4）不可内部流通

期权是激励对象获得的一种股票持有资格，这是公司对被激励对象贡献价值的认可。但期权在公司内部是不可以流通的。如果允许期权在行权之前就可以在公司内部流通和转让，会让被激励对象认为这种激励方式并不是专门针对他们而设立的，对拥有这种激励方式的积极性、荣誉感也不会太强烈。

（5）需对离职人员予以补偿

如果通过股权激励方式获得期权的员工在行权之前就因为某种原因离开了公司， 般情况下公司会对离职人员给予一定的补偿。因为期权木身是对被激励员工对公司贡献价值的一种认可，如果被激励员工因离开公司而导致无法将期权转换为公司股票，那么为了表示公司激励的合理与公平性，就要对期权持有人给予一定的补偿。

2.股票期权激励实施的基本条件

股票期权激励要想顺利实施，需要具备以下条件：

（1）上市公司

股票期权激励模式要求公司必须是上市公司，企业有较好的成长性，保证股票有较大的增值空间，这样做股权激励才有意义。

（2）股票来源合法

有合理合法的股票来源，而且需要一个股价，能基本反应股票的内在价值。

（3）法律和制度允许

有了相关法律法规和制度机制的允许，可以保证股票期权激励模式的设计、授予、行权等诸多环节有法可依。

（4）有一个有效的证券市场

股票期权激励能够正确发挥其激励作用，必须依靠一个完善的、高效的证券市场做后盾。

股票期权激励的有效性是以公司价值决定股价涨跌为前提的。只有证券市场有效，股票的价值才能得到真实反映。

扩展阅读

股权激励行权书范例

××公司股权激励行权申请书

××公司股权激励管理机构：

本人截止______年______月______日为止，持有公司股权共______股，根据《××公司股权激励计划》和《××股权激励实施细则》的有关规定，本人现有______股股权锁定期已经结束，符合行权的条件，现按照相关规定的可行权比例，在此向公司股权激励管理机构申请行权变现。

行权后的现金请打入本人资金账户：

开户行：

户名：

账号：

行权中的具体事宜和相关事项受《××公司股权激励计划》和《××股权激励实施细则》的规定及约束。

特此申请。

申请人：

年　　月　　日

虚拟股票模式

虚拟股票激励模式，顾名思义，就是把一种虚拟的股票授予被激励人，以表示对激励对象的激励。被激励人获得该种虚拟股权之后，就可以享受公司一定数量的分红权，并获得股价升值而产生的收益。

1.虚拟股票激励模式要点

实施虚拟股票激励模式的时候要明确以下几点：

（1）股权形式虚拟化

虚拟股票与其他形式的激励模式相比，具有一个特点，就是虚拟性。公司可以在内部给员工派发一定数量的虚拟股份，凡是持有虚拟股票的员工可以按照虚拟股权的数量，按比例享有公司税后的利润分配。

（2）无偿发放

虚拟股票激励在实施的过程中，公司是以无偿赠送或奖励的方式发给特定员工的，员工无须花钱购买。

（3）股东权益具有不完整性

持有虚拟股票的员工，只能享受公司的分红收益权，不能像普通股东一样享有表决权、分配权、知情权等。此外，虚拟股票不能出售和转让，在员工离开时，所享有的分红权自动失效。

（4）对被激励者具有一定的约束作用

被激励者能够获得分红收益的前提是实现公司的业绩目标，并且其获得的收益是在未来实现的。因此这种激励方式对于被激励者而言，具有一定的约束力。

2.虚拟股票激励实施的基本条件

虚拟股票激励要想顺利实施，需要具备以下几个条件：

（1）公司现金流比较充裕

虚拟股票激励模式比较适合于那些现金流量比较充裕的非上市公司和上市公司。

（2）跟踪股东价值

由于实施虚拟股票激励时，公司需要考虑的是如何实现被激励对象报酬与其价值挂钩的问题。所以，在实施的过程中，要跟踪被激励对象的股东价值。这一点可以通过跟踪被激励对象的业绩来实现。

案例6　华为："以奋斗者为本"的虚拟股票激励模式

华为是一个有着简单且深刻逻辑的企业，它秉持的理念就是"以奋斗者为本"。在华为，有很多为了公司利益而冲锋陷阵的奋斗者，所以华为在做股权激励的时候，秉持的理念同样是"以奋斗者为本"。

华为在价值分配上，向奋斗者倾斜。为了激励员工，华为在成立之初就定下了"工者有其股"的股权激励计划，并一直贯穿于华为的发展过程中。所谓"工者"，即工作者，奋斗者。华为的创始人任正非只占有公司股份的1.01%，而其余98.99%的股份都由员工持有。因为任正非坚信：财散人聚，财聚人散。只有大家一起进行利益分享，才能团结大量的人。

如今，华为大约有18万员工，将近9.7万人是华为的股东。而且华为的最新股权方案中，提到外籍员工也将大批量成为公司股东，从而实现完全意义上的"工者有其股"。

纵观华为的股权激励，共经历了以下几个阶段。

第一阶段：试水阶段（1990—2000年）

在华为创业初期，急需资金扩张。为了提高员工的工作积极性，达到累积资金的目的，华为便开始试水股权激励机制。

在该阶段的股权激励机制下，员工出资形式灵活，可以是员工奖金，如果奖金不够，公司会协助员工贷款，让员工享有分红。当时每股价格为1元，分红后以税后利润的15%入池，员工分红的回报率通常为70%，所获得的收益是相当惊人的。

在这个阶段，员工虽然享有分红权，但不享受股票溢价，这就意味着他们不能行使股东权益。这就是华为早期"以奋斗者为本"的"实股权虚，虚股利实"股权激励模式。

第二阶段：虚拟股制度阶段（2001—2012年）

随着互联网的不断发展，再加上金融危机的出现，华为对股权激励也作出了相应的调整和改变，包括以下几方面。

（1）学习并引入虚拟股。华为高层专门去国外学习股权激励方面的知识，并引入了既不影响原有股权结构，又能起到很好激励作用的虚拟股。

（2）实股向虚拟股转化。华为引入虚拟股，其目的是为了让公司现有的实体股转化为虚拟股。在金融危机期间，华为不再向新员工派发实股，老员工则分4年股权逐渐进行期权转化，每年转化所持股份的1/4。

（3）股权激励与员工考核、晋升挂钩。员工在虚拟股制度上，根据员工级别和考核等因素，设计虚拟股上限，并将股权激励、员工考核、员工晋升环环相扣。此时，华为“以奋斗者为本”的股权激励理念更加显著。

第三阶段：TUP计划（2013年至今）

2013年以后，华为逐步开始与国际化接轨。为了加快国际化接轨速度，华为的股权激励主要是面向高级专业人才以及全球化人才。华为以5年为一个股权激励周期，对这两类人才进行分批次激励。

第一年不分红，第二年享有1/3的分红权，第三年享有2/3的分红权，第四年享有全部分红权，第五年结算股票溢价并清零。

华为的这种“五年一清零”的股权激励模式，有效改善了员工获得高额回报后产生的懒惰情绪。

【案例点评】

华为的股权激励方式显然是一种动态激励模式，随着公司业务发展和外部环境的变化而不断更迭。

此外，这种股权激励方式还具有一定的导向性。通过将员工与公司进行利益捆绑，长期将公司剩余价值分享给员工，以此满足员工的饥渴感、愉悦感、成就感，使得员工更加愿意为公司冲锋陷阵，为公司带来更多的价值。由此，可以说华为的股权激励方式是一种长效激励方式。

扩展阅读

某餐饮公司的股权激励协议书

××餐饮投资管理有限公司

股权激励协议书

甲方：××餐饮投资管理有限公司（以下简称为“公司”）

注册号/统一社会信用代码：

住所/经营场所：

法定代表人：

乙方：

身份证号码：

电话：

邮箱：

甲、乙双方本着自愿、公平互利、诚实信用的原则，根据《中华人民共和国合同法》《中华人民共和国公司法》《××餐饮投资管理有限公司股权激励方案》，甲、乙双方就 ××餐饮 虚拟股权购买、持有、行权等有关事项达成如下协议：

1.基本情况

1.1 甲方出于对公司长期发展的考虑，为发掘人才，留住人才，使员工与公司结成利益共同体，打造员工事业平台，让团队分享公司经营成果，完善以“利益均沾为基础，重点激励为核心”的整体激励模式，在提升公司经营业绩的同时，给员工分享公司高速成长成果的机会，给核心员工提供公司内部创业机会，从而达到共赢，增强员工对××餐饮的自豪感与归属感。

1.2 乙方确认：在签署本协议之前，作为股权激励方案参与人、被激励对象，本人已经完整阅读、理解并一致同意《××餐饮投资管理有限公司股权激励方案》，也是基于认同《××餐饮投资管理有限公司股权激励方案》而签署本协议。

2.股权数量、价格、方式、期限

2.1 乙方以[现金缴纳/公司贷款]出资______万元，占比______%；（具体计算方式参照《××餐饮投资管理有限公司股权激励方案》）

2.2 出资时间截止至______年______月______日，过期视为乙方放弃购买；

2.3 甲、乙双方同意：乙方在股权激励期限内自______年______月______日至______年______月______日止共计______年不得退股，如有退股则按照本协议第4条之相关规定办理。

3.甲、乙双方的权利与义务

3.1 甲方的权利。

3.1.1 甲方有权要求乙方按其所聘岗位的职责要求做好工作，若乙方不能胜任岗位要求，经公司批准，可以调整乙方的岗位，股权激励权益根据“激励和岗位对等”原则处理。

3.1.2 若乙方因触犯法律、违反职业道德、泄露公司机密、失职或渎职等行为严重损害公司利益或声誉，经公司批准，可以取消乙方尚未实现的股权激励权益，并有向乙方要求赔偿其给公司造成的损失的权利。

3.1.3 法律、法规规定的其他相关权利。

3.2 甲方的义务。

3.2.1 向乙方发放本协议规定的股权激励权益金额。

3.2.2 法律、法规规定的其他相关义务。

3.3 乙方的权利及义务。

3.3.1 乙方自本方案批准之日起，享受本方案规定的股权激励权益。

3.3.2 乙方应勤勉尽责、恪守职业道德，为公司的发展作出贡献。

3.3.3 乙方因本方案获得的收益应按国家税法规定缴纳相关税费。

3.3.4 法律、法规规定的其他相关权利义务。

4.股权激励方案的变更及股权退出

4.1　职务变更。

4.1.1　乙方因岗位职务调整，且变更后职务在《××餐饮投资管理有限公司股权激励方案》的对象范围内，其缴纳股金额度按调职后的职务比例变动，根据新变动岗位股金限额补足或回退。

4.1.2　乙方因岗位职务调整，但变更后职务不在《××餐饮投资管理有限公司股权激励方案》的对象范围内，变更后不再享有相关权益，已缴纳股金按本协议及《××餐饮投资管理有限公司股权激励方案》约定方式处理。

4.2　退出条件。

4.2.1　正常退出程序。

1）当事人提前一个月书面提出；

2）公司盖章同意；

3）办好必要的股金转让或退出手续。

4.3　股金回购程序及回购价格标准确定。

4.3.1　股金的回购程序。

1）申请人填写回购申请单；

2）人事部门提供乙方的工作交接清单；

3）回购其个人缴纳的出资部分。

4.3.2　根据股权激励方案，不同退出原因将采取不同的回购方式。

1）乙方在职主动退股处理方式。

乙方在职时，其持有的股权向公司提交退股申请，具体处理方法如表4-1所示。

表4-1　乙方在职的退股处理方法

时间	激励期内（不足3年）	激励期后
一般情况	不允许退股	可向甲方提交退股申请，经同意后，退回实际出资，结清分红
特殊情况	可向甲方提交转让申请，经甲方通过后，按授予时价格进行回收，但已分红部分予以扣除	

2）乙方离职时股权处理方式。

在乙方离职时，公司有权强制回购乙方持有的股权，乙方须无条件配合公司进行回购。具体处理方法见表4-2。

表4-2 乙方离职的退股处理方法

离职原因	激励期内	激励期后
1.因严重损害公司利益被停职或辞退	公司有权收回股权，结算给公司带来的损失后，退还激励对象实际出资，分红不结，已分红部分予以扣除	
2.因自身原因与公司提前解除劳动合同	公司有权收回股权，退还激励对象实际出资，分红不结，已分红部分予以扣除	
3.合同期满（或约定的服务期满或双方友好协商不再续合同）	公司收回股权，退还激励对象实际出资，结算分红	
4.因公司人员调整而被辞退	公司收回股权，退还激励对象实际出资，结算分红	
5.因其他原因离职	由公司确定	

3）新店开业亏损退股处理方法。

新店开业后若连续三个月出现亏损或其他经营情况不理想的，员工可申请提前退股，由公司确定，新店锁定期不得少于______年。

4）人员异动退股处理方法。

因公司发展需要员工调动时，乙方需要无条件配合，乙方可选择是否保留部分原店股权，原店持有股权的保留上限为原持有股权总额______且不超过______%。

4.3.3 回购支付方式

鉴于被乙方行为的后效性，除符合无偿收回条件的情况之外，其余一律采取延期支付的方式。从乙方退股之日起，按表4-3所示情形和比例回购。

表4-3 回购支付方式

一年后公司支付回购款的	40%
二年后公司支付回购款的	30%
三年后公司支付回购款的	30%

如在三年内发现乙方工作期间的经营行为有损害公司利益的情形，将不再

支付后期的回购款并追究其相应的责任。

4.4 股权变更手续

股权回购必须办理相应变更手续，否则视为无效，乙方应配合，严禁私下买卖所持股权。

5.行权期的考核标准

甲方对乙方的考核每季度进行一次，乙方如在行权期内均符合考核标准，即具备行权资格。具体考核办法、程序由甲方制定，授权执行。详见《绩效考核管理办法及细则》。

6.乙方转让股权的限制性规定

6.1 股权严禁转让，如经发现，取消激励资格。

6.2 乙方不得以任何方式将股权用于设定抵押、质押、担保、交换、还债。甲方与乙方签署本协议，乙方仍应履行其工作职责，工作职责按公司相应制度执行。

7.关于免责的声明

属于下列情形之一的，甲、乙双方均不承担违约责任。

7.1 甲、乙双方签订本协议是依照国家现行法律法规、政策制定的。如果本协议履行过程中遇法律、政策等的变化致使甲方无法履行本协议的，甲方不负任何法律责任。

7.2 公司因破产、解散、注销、吊销营业执照等原因丧失民事主体资格或者不能继续营业的，本协议可不再履行。

7.3 公司因并购、重组、改制、分立、合并、注册资本增减等重大原因，本协议可不再履行。

8.法律适用和争议解决

8.1 本协议及任何部分的效力和解释应受中华人民共和国法律管辖。

8.2 如果协议的某个条款的部分或全部经双方确定无效，则该条款将不被视作协议的一部分，协议其他部分的条款仍然有效。

8.3 因本协议或本协议履行发生的任何争议，应尽量通过友好协商的途径解决，协商无效的情况下，应提交______按照申请仲裁时该会现行有效的仲裁规则进行仲裁。仲裁裁决一裁终局，对双方均有约束力。

9.附则

9.1 《××餐饮投资管理有限公司股权激励方案》实施时经营环境及外部条件发生重大变化时，可由公司决定变更激励约束条件甚至终止该方案，可能的情况变化包括如下几点。

9.1.1 市场环境发生不可预测的重大变化，严重影响公司经营；

9.1.2 因不可抗力对公司经营活动产生重大影响；

9.1.3 国家政策重大变化影响股权激励方案实施的基础；

9.1.4 其他公司认为的重大变化。

9.2 《××餐饮投资管理有限公司股权激励方案》的修改和解释权归公司所有。

9.3 《××餐饮投资管理有限公司股权激励方案》每年修订一次，实施日期自______年______月______日起。

9.4 本协议未尽事宜及实施细则由公司审批，补充协议及实施细则与本协议具有同等效力。

9.5 本协议自双方签章之日起生效。

9.6 本协议内容如与《××餐饮投资管理有限公司股权激励方案》发生冲突，以《××餐饮投资管理有限公司股权激励方案》为准。

9.7 本协议一式______份，由甲方保存。

甲方：（签名/盖章）　　　　乙方：（签名/盖章）

______年______月______日　　　　______年______月______日

限制性股权模式

限制性股权激励模式，是指上市公司按照预先确定的条件，将本公司一定数量的股票授予被激励对象。

限制性股权属于实股范畴，是被激励者花钱购买的，与公司股东一样享有相同的权利，如所有权、分红权、增值权等。

1.限制性股权激励模式要点

实施限制性股权激励模式的时候，要明确以下几点：

（1）激励具有限制性

限制性股权激励模式，其“激励”与“约束”是对等存在的。被激励人在享受激励的同时，也受到了相应限制，即只有业绩考核达标，才能解除这种限制。如果业绩不达标，则不得解除限制。

被激励对象获得限制性股权后，一般会分期解除限售。为此将限制性股权划分出几个重要的时间点：授予日、限售期、解除限售日、解除限售期。通常，每个解除限售期时长12个月，被激励对象在解除限售前，是不能行使股东权利的，也不能作出股权转让。其应有的权利由公司代为行使。在解除限售后，被激励者可以正常行使应有的权利。

具体来讲，在每个解除限售期，如果被激励者不能解除限售，那么他所得的股票如果是从股东转让而来，则由原股东收回；如果所持股票是通过股票增发而来，那么他所持的股权则由公司回购注销。此外，还可以在任何一个解除限售期内设置业绩考核目标，只要能在最后一个解除限售期内完成累计的业绩考核目标，那么依然可以视为解除限售。如图4-1所示。这样做，其实又多给了被激励人一次解除限售的机会。

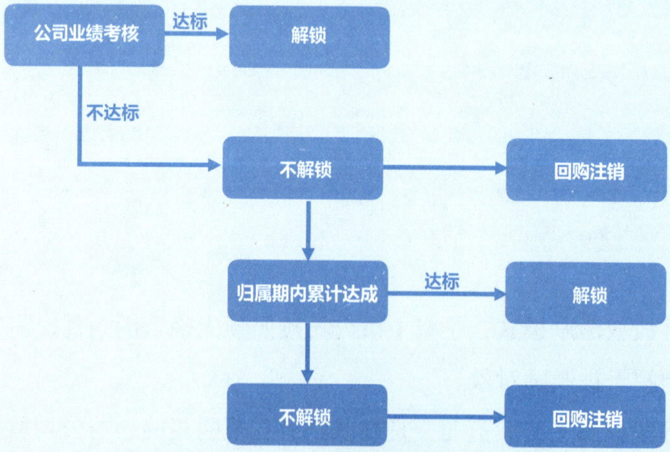

图4-1　解除限售流程

（2）有效控制风险

限制性股权激励模式下，以低价授予员工限制性股权，在利于激励员工的同时，更有助于激励员工完成业绩目标。对公司而言，员工只有达成业绩目标，才能获得股票，从而有效控制了公司释放股票的风险。

2.限制性股权激励实施的基本条件

限制性股权激励要想顺利实施，需要具备如下条件：

（1）各方面发展良好

限制性股权激励模式，同样适用于那些成长性好、业绩比较稳定、股票市场价格波动不大、现金流充足的公司。

（2）被激励对象满足相应条件

凡是符合工作年限或达成一定业绩目标的激励对象，都可以获得公司的限制性股权作为奖励，并可以出售手中所持的限制性股权，以达到获益的目的。

期股模式

期股激励，就是企业所有者和被激励对象约定，在将来的某一时期内，公司贷款帮助被激励对象，通过一定的价格购买公司一定数量的股权，使得被激励对象拥有公司的所有权、表决权和分红权。

1.期股激励模式要点

实施期股激励模式的时候，要明确以下几点：

（1）权利虚实兼具

起初，被激励对象享有的所有权是虚的，只有把购买期股的贷款还清之后，才能真正享有所有权。表决权和分红权是实的，但即便拿到红利，也不能据为己有，需要用来偿还期股。

（2）被激励者未出资就可以享有期权

公司帮助被激励者贷款，作为被激励者对公司的出资，以取得公司的股权，并享有股东权利。被激励者在获得分红后，先偿还贷款，之后可以将期股转为实股，从而实现激励。

（3）期股可以转换为实股

期股激励的关键就是期股可以向实股转换。被激励者获得期股后，会享有公司一定比例的股权，而且受法律的认可和保护。但由于被激励者需要先偿还贷款，在偿还完毕之前还不能真正享有股权，因此称之为“期权”。在偿还完毕之后，期股转换为实股。此时，被激励者与一般股东享有的股权无异。

2.期股激励实施的基本条件

期股激励要想顺利实施，需要具备几个条件：

①期股激励适用于非上市企业，包括非上市国有企业，即具有明确上市计划的非上市企业。

②被激励者必须购买公司的相应股份。

案例7　上海某国有独资企业：期股激励模式

上海某国有独资企业，净资产8000多万元，职工1500人，年收入2亿元，盈利能力很强。该企业实施的期股激励模式内容如下：

1.激励对象

17名企业内部高层管理人员。

2.激励总额度

按照当地每人最少出资10万元的规定，17人共拿出200万元投入企业购买实股。其中，总经理出资30万元，副总经理出资20万元，其他人出资10万元。出资后，总经理可配得4倍，即$30\times4=120$（万元）的期股；副总经理可配得3倍，即$20\times3=60$（万元）的期股；其他人可获得相当于出资额两倍的期股，即$10\times2=20$（万元）的期股。所有人的实股享有所有权和分红权，但手握期股的人，只享有分红权，没有所有权。

3.操作办法

以下以总经理为例。

总经理个人出资30万元购买了实股，又获得120万元期股，相当于企业借给总经理120万元购买股权，总经理在获得分红后，需要偿还公司120万元。但该企业规定，不得以现金形式领取这部分红利，而是需要将红利交给企业，用于把相同金额的期股转化为实股，转化期为3年，即一个任期。这就意味着，总经理需要在其上任的3年时间内完成本人的期股向实股的转换，而且需要保证这家企业每年的净资产收益率达到33.3%。120万元的税后分红要达到120万元×33.3%=39.96（万元）。如果企业净资产收益率未达到33.3%，只达到了30%，总经理120万元的期股红利收入就只有120万元×30%=36（万元）。相差的39.96万元−36万元=3.96（万元），则需要总经理自己拿30万元的实股红利来补充，补充后如果依然不足，则需要另外拿个人资产补足。如果净资产收益率超过了33.3%，那么多出的红利则转入第二年计算。

如果一切顺利的话，在3年后，总经理就获得了30万元+120万元=150（万元）的实股，总经理任期结束后，再经过2年的严格审计之后，确认总经理没有出现重大决策失误、没有违法违规行为，那么这150万元实股就归其个人所有。而且总经理可以将这150万元股份任意处置，可以转让给他人，也可以由公司回购，还可以仍存企业分红。

【案例点评】

显然，该国有独资企业实施的期股激励模式，在一定程度上讲，使得被激励对象的收益呈现中长期化特点。换句话说，该激励模式使得被激励者的收益呈现出渐进、分散的特点。有效克服了由于总经理和员工收入差距而引发的矛盾，维护了企业内部的稳定。另外，股票持有者会更加努力工作，因为他们明白，只有保证企业的长远发展，才能保证自身利益不受损害。

业绩股票模式

业绩股票激励，是指公司在年初确定一个较为合理的业绩目标，在年末时，如果激励对象达到了这一目标，则公司会授予激励对象一定数量的股票，或者给予激励对象一定的奖励，用于购买公司股票。

1.业绩股票激励模式要点

实施业绩股票激励模式的时候，要明确以下几点：

（1）股票的获取与绩效紧密挂钩

业绩股票激励模式，主要是被激励对象的工作绩效与所获得激励之间紧密挂钩，且业绩股票的获得仅取决于工作业绩是否达标，不涉及股市风险等其他因素。

（2）实现被激励者和公司共赢

该激励模式对激励对象有较为严格、明确的业绩目标约束性，而且在责、权、利三方面的对称性比较好，能实现被激励者和公司共赢。

2.业绩股票激励实施的基本条件

业绩股票激励要想顺利实施，需要具备如下条件：

（1）被激励对象需要完成既定业绩目标

被激励对象完成既定业绩目标，是该激励模式能够顺利实施的前提条件。

（2）需股东大会通过

业绩股票激励在政策限制方面受到的影响较小，一般只需要股东大会通过即可实施，操作性强，实施成本低。

股票增值权模式

股票增值权激励，是上市公司授予激励对象在未来一定时期和约定条件下获得规定数量的股票因其价格上升而产生收益的一种权利。

1.股票增值权激励模式要点

实施股票增值权激励模式的时候，要明确如下几点：

（1）不拥有实际股权

获得股票增值权的所有者不享有实际股权，也不享有股东表决权、分红权等。

（2）不可转让，不可用于担保和债务偿还

因为被激励者不享有实际股权，因此其持有的股票增值权不能转让，也不能用于担保和债务偿还。

（3）兑现方式灵活

在实施股票增值权激励时，可以是全额兑现，也可以是部分兑现；可以是现金兑现，也可以折合成股票兑现，或者以现金和股票相结合的形式兑现。

（4）风险较弱

由于这种激励模式本质上是一种虚拟的股权激励模式，持股者没有购买实际股票，因此股票持有者的收益不会因为股市的跌宕而受到影响。

2.股票增值权激励实施的基本条件

股票增值权激励要想顺利实施，需要具备如下条件：

（1）公司发展良好

实施该激励模式，需要保证该公司处于现金流充裕且股价稳定的发展状态。

（2）需达成相应的业绩目标

公司授予激励对象的不是股票，而是权利。激励对象需要达成相应的业绩目标才能行权，才能将获得约定数量的股票增值部分作为公司对自己的奖励；如果没有达成目标就不能行权，不能获得奖励。

经理层收购模式

经理层收购激励模式又称作管理层收购激励模式，是指公司管理层和员工共同出资成立职工持股会，或者公司管理层出资成立新的公司作为收购主体，采用一次性或多次的形式收购原股东持有的公司股份，从而直接成为公司的股东，掌握对公司的控制权，并通过掌握公司所有者结构、股权结构、资产结构，赚取收益的一种模式。

1.经理层收购激励模式要点

实施经理层收购激励模式的时候，要明确如下几点：

（1）实现多方利益统一

经理层收购激励模式是股权所有者对雇员的激励。在实施激励的过程中，被激励者、公司利益、股东利益三方面是一个完整的统一体。

（2）对公司发展大有裨益

这种激励模式有助于强化管理层激励，提升人力资本价值，增强企业内部对管理层的约束力，推动企业长期健康发展。

2.经理层收购激励实施的基本条件

经理层收购激励要想顺利实施，需要具备如下条件。

（1）企业能力较强

经理层收购激励模式，要求企业具有比较强且稳定的现金流生产能力，而且需要拥有的债务比较低，具有降低成本的能力，以及具有较大提高经营利润的潜力空间。

（2）管理层工作经验丰富

实施该激励模式，要求企业经营管理层在企业管理岗位上工作年限较长、经验丰富。

延期支付模式

延期支付激励模式，是公司将激励对象的一部分薪酬，如年度奖金、股权激励收入等，不在当年发放，而是为激励对象单独设立延期支付账户，将这部分薪酬按照当日公司股票市场价格折算成股票数量，然后将其存入激励对象的延期支付账户当中。之后，在既定的期限后或在激励对象退休之后，再以公司股票形式或者根据期满时的股票市场价格，兑换为相应金额的现金，以现金的方式支付给激励对象。这种模式也可以变相地理解为工资的延迟发放。

1.延期支付激励模式要点

实施延期支付激励模式的时候，要明确以下几点：

（1）延期支付激励本质是实现股票价值增值

激励对象的这部分股权薪酬在激励期限到来之后再进行支付，此时股票的价值已经随着公司的价值增长实现了增值。

（2）有效避免激励对象的短期化行为

延期支付收益与公司业绩之间联系十分紧密。只有公司业绩上升，激励对象的收益才能保证不受损害。因此，被激励对象为了使自己的股权激励收入进一步增值，会持续努力工作，以使公司股价上升。

（3）有效实现激励对象与公司的利益捆绑

这种激励模式可以将激励对象与公司利益有效捆绑在一起。如果被激励对象中途退出，则其既得收益会大打折扣，增加了其退出成本。因此，延期支付激励模式，可以有效留住优秀人才。

2.延期支付激励实施的基本条件

延期支付激励要想顺利实施，需要具备以下条件：

（1）公司发展稳定

延期支付激励模式，更加适合于那些业绩稳定、现金流充足的上市公司以及集团公司、子公司。

（2）将部分薪酬转化为股票

把激励对象的一部分薪酬转化为股票，是实施延期支付激励的关键。

员工持股计划模式

员工持股计划，是指企业内部员工个人出资认购本公司的部分股份成为公司股东，并委托公司代其进行相关事务的集中管理和运作。员工持股管理委员会作为社团法人，进入董事会参与表决和分红事宜。

1.员工持股计划激励模式要点

实施员工持股计划激励模式的时候，要明确以下几点：

（1）持股者具有双重身份

持股者既是劳动者，也是所有者，具有双重身份。在按劳分配、按资分配相结合的机制下获取收益。

（2）员工和公司形成利益共同体

员工利益与公司前途紧密联系，员工持股后承担一定的投资风险，由此唤起员工的风险意识，使员工更加关注公司的持续发展，关注自身业绩和能力的不断提升，激发员工长期持续奋斗的积极性，以自己的诚实劳动致富。这就好比是一个无形的杠杆，可以有效实现公司资本的积累。

（3）要有一定的倾斜度

员工持股计划并不是全员平均持股，而是强调员工持股的比例和比重。一定要拉开员工持股的距离，否则会走内部职工股的老路。换句话说，员工持股计划要坚定不移地向那些为公司创造价值的部门和员工倾斜，向公司的核心层、中间层和骨干层倾斜。

（4）要有预留机制

员工持股计划激励模式一定要有预留机制，以保持对新员工和老员工不断创新与创业的激励和牵引。

（5）员工持股“三不能”

员工所持有的股份不能转让、不能交易、不能继承。

2.员工持股计划激励模式实施的基本条件

员工持股计划激励要想顺利实施，需要具备以下条件：

①参与者必须是本公司的员工。

②实施员工持股计划激励，公司需要重视员工福利，且是业务发展到比较成熟的阶段的上市公司。

扩展阅读

Ⅰ 不同的股权激励模式激励效果对比

不同的股权激励模式，其激励效果也不尽相同，如表4-4所示。

表4-4 不同的股权激励模式激励效果对比

激励模式	激励力度	约束性	现金流压力	股价变动影响程度
股票期权	强	中	中	强
虚拟股票	中	弱	强	中
限制性股权	强	强	弱	中
期股	强	强	弱	中
业绩股票	强	强	中	中

续表

激励模式	激励力度	约束性	现金流压力	股价变动影响程度
优先股	弱	弱	强	弱
股票增值权	中	中	强	强
经理层收购	强	强	强	中
延期支付	中	强	强	强
员工持股计划	强	中	弱	强

注：股票增值权如果行权时支付的是等值的股票，而不是现金的话，则不存在现金流压力。

II 九种常见股权激励操作模式特征对比表

不同的股权激励模式，其操作特征也不尽相同，如表4-5所示。

表4-5 九种常见股权激励模式特征对比表

对比类型		业绩股票	股票期权	虚拟股票	限制性股票	期股	股票增值权	经理层收购	延期支付	员工持股计划
权益类型	全值型		√	√	√	√	√			
	增值型	√						√	√	√
收益支付方式	股票	√	√	√	√	√	√	√	√	√
	现金	√			√		√	√	√	√
操作方式		一次性授予	协议价格、可分期行权	一次性授予	无偿赠与或有偿转让	协议价格、可分期行权	一次性授予	一次或多次授予	一次或多次授予	多次授予

续表

对比类型	业绩股票	股票期权	虚拟股票	限制性股票	期股	股票增值权	经理层收购	延期支付	员工持股计划
激励对象	经营者、业绩指标量化明显的业务负责人	通常为公司高管、核心员工和技术骨干	通常为公司高管、核心员工和技术骨干	通常为公司高管、核心员工和技术骨干	通常为公司高管、核心员工和技术骨干	通常为公司高管、核心员工和技术骨干	通常为公司高管、核心员工和技术骨干	通常为公司高管、核心员工和技术骨干	公司员工
获得条件	业绩达标	业绩达标、工作期限达标	业绩达标、工作期限达标	业绩达标、工作期限达标	业绩达标、工作期限达标	业绩达标	工作期限达标	在当期完成延期支付业绩目标	员工合法薪酬和法律允许的其他地方
股票来源	公司	流通股	—	公司或二级市场公司	公司	—	原股东	公司	公司
购股资金	激励基金	激励对象自行支付	—	员工折价购买或公司奖金	激励对象自行支付	—	管理层和员工共同出资	—	激励对象自行支付
禁售条件	时间和数量限制	禁售期	行权期	禁售期	转让受限	行权期	不设限售期，可交易	禁售期	禁售期
离职处理	未兑现部分的业绩股票将被取消	契约约定	契约约定	未解锁部分由公司按授权价和市场价中的价低者回购注销	契约约定	契约约定	契约约定	未兑现部分的业绩股票将被取消	契约约定

续表

对比类型	业绩股票	股票期权	虚拟股票	限制性股票	期股	股票增值权	经理层收购	延期支付	员工持股计划
适用企业	业绩稳定，处于成熟期的上市及非上市公司	资本市场有效性较强的上市公司；人才需求强大的创业期或快速成长的非上市公司	现金流量充足的上市、非上市公司	大部分上市、非上市公司	人才需求强烈的创业期或快速成长的非上市公司	现金流充足且发展稳定的上市、非上市公司	现金流生产能力较强，债务比较低，有较大经营利润潜力的上市、非上市企业	业绩稳定、现金流充足的上市公司以及集团公司、子公司	重视员工福利、业务发展到比较成熟的阶段的上市公司

各发展阶段企业激励模式的选择

股权激励模式多样化，且各有所长，各有所短。企业在选择股权激励模式的时候，要结合自身特点进行选择。这是股权激励成功的第一步。

每个公司在其发展历程中都要经过不同的发展阶段。在各个发展阶段，企业选择合适的股权激励模式是关键。

企业在不同阶段，不但需要借助不同的股权激励模式对员工进行激励，而且需要抓住股权激励中的关键点，才能起到事半功倍的效果。

创业初期

在创业初期，企业面临的一个最大问题是“如何才能让自己在夹缝中生存下去？”在这个阶段，能够保证公司收获的盈利够用于公司运作，是最基本的生存之道。对于公司的管理、制度建设等方面，相比较而言，显得不是特别重要。

在这个阶段，盈利来源于公司员工的不懈努力。因此，在初创期，人才的作用显得尤为重要。这些人才包括技术员、业务员、销售员等，他们可以为公司产生现金流。为了留住人才，为了获得更多的现金流，公司在给员工发工资的同时，还应当为员工描绘发展愿景，辅以股权的形式进行利益分享，以此留住人才。

为此，这个阶段的股权激励方案的制订，关键在于选择适宜的股权类型。

在创业初期，要综合考虑公司的实际情况，大多数公司在没有实现盈利的情况下，会因为资金短缺而难以给出高薪。

但是为了更好地留住人才，在初创期，可以选择虚拟股票、限制性股权、员工持股计划等方式来激励员工，帮助公司顺利度过这个艰难的阶段。

在初创阶段，企业设计激励方案应当注意以下技巧。

①在选择激励模式和制订激励方案时，企业一定要结合自身实际情况，从企业战略发展目标出发。尤其是那些有上市计划的企业，更应当注意激励方案与上市目标相结合。

②企业在设计好激励方案后，一定要有书面文件或协议，将各个环节表述清楚，使激励措施能够合法化，有效规避法律风险。

高速成长期

企业在经过最艰难的阶段之后，通过全员共同的努力，有了存活下来的资本，一切开始步入正轨，业务模式、盈利模式从早期的探索阶段，逐渐进入一个开始大力研发创新产品、全面拓展市场业务、提高公司知名度、完善相关管理制度的阶段。

进入成长阶段，公司人员也得到了快速增长，整个公司也可能获得了较好的盈利。此时，员工从公司的发展势头看到了公司未来可期，便有了参与企业分红的需求。

考虑到此时自身的实力逐渐有所提升，公司可以选择一些激励力度相对较大的方式去激励员工，如限制性股票激励、虚拟股票、期股激励或掏钱买股的方式。

在企业高速成长期，选择激励模式和制订激励方案要注意以下技巧：

①企业需根据自身发展情况，选择适合自己的激励模式，制订适合自己的激励方案。

②企业应当根据市场变化情况，设计最佳激励方案。如遇到股价大幅下跌的情况，可以通过股价打折的方式或采用限制性股票激励模式。

③企业还需要根据不同激励模式的优缺点，设计多种模式并存的激励方案，以便更好地规避风险，提升激励效果。

成熟期

在企业进入成熟期之后，公司经过初创的困苦、成长的冲刺，从探索阶段逐渐进入稳定阶段，包括客户群体、营收、现金流等方面，都处于相对稳定的状态。与此同时，公司也逐渐具备了应对市场风险、技术风险、人才风险等风险的能力。

在这个阶段，企业的核心任务就是通过相应的股权激励模式，稳定住企业的骨干人员，激励他们更加努力工作，为公司拓展更加广阔的发展前景。

此时，公司已经具备了较强的现金支付能力，在实施股权激励的时候，可以采用现金的方式对员工进行激励。公司可以采用虚拟股票、股票增值权等方式，同时还可以配合股票期权、延期支付、限制性股票等激励模式，以达到更好的激励效果。

在这个阶段，员工持股会获得更大的增值回报。不论是已经上市的企业，还是正计划上市的企业，都要注重与员工分享红利。

企业进入成熟期，选择激励模式和制订激励方案要根据上市与否进行分析。

1.上市企业

当下，企业上市后可以获得较大回报，员工可以通过股权激励从上市公司获得股权，在符合解禁条件之后，员工所持股权可以在市场上进行交易，获取较高的溢价，实现个人收益。

2.非上市企业

（1）员工制

很多公司随着不断发展，实现了高效盈利，员工制公司就会采取员工持股计划的激励模式，使员工获得公司股份，成为公司的“主人翁”。这一模式的典型企业代表是华为。目前，华为有8万多名员工持有华为的股份，这也是华为能够经久不衰的原因之一。

（2）店面制

有的企业会将股份划分在单个店面，使得员工为了维护个人利益，而更加关注店面的发展，将个人利益与店面利益捆绑在一起。店面员工的股权激励模式，通常可以采取期权激励模式和超额利润分红股激励①的方式。

（3）事业部制

有的企业会采取事业部制，即制定企业内部规范对员工进行管理。事业部人员的工作积极性也需要通过股权激励来激发，让员工在为自己的利益而奋斗的同时，完成事业部目标。可以说，集团下面的事业部的发展就是公司的发展，集团的核心人员、高管中很大比例的人员都在事业部，所以对公司核心人员和高管进行股权激励的时候，必须对事业部核心人员和高管进行激励。

那么，如何对事业部人员进行股权激励呢？采取哪种激励模式呢？答案是与公司一样。

事业部股权激励人员的价值创造，与公司层面人员的价值创造具有相似性。可以在一定程度上借鉴和参考公司层面股权激励的做法，如虚拟股票、股票增值权等。但股权期权、限制性股权激励就不能在事业部进行。

案例8　喜家德：店面制股权激励模式

在餐饮界，有一家知名的直营饺子连锁店，将员工股权激励做到了极致，它就是喜家德。

喜家德创建于2002年，目前已经在全国开了超过600家门店。在喜家德，一个擀面女工一年的收入就能达到30多万元……

这些数字背后，隐藏了喜家德快速成功扩张的秘密。那就是喜家德成功摸索出来的一套股权激励模式，其主要激励方法如下。

“3”，即是3%，即所有店长考核成绩靠前的，可以获得干股收益，这部分不用拿来做投资，而是属于店长个人的分红。

“5”，即5%，如果店长能够培养出新店长，并且能够在考核中达标，就能获得接新店的机会，成为区域经理，还可以在新店以5%的投资比例入股。

“8”，即8%，如果一名店长能够培养出5名新店长，并且成了区域经理，

---

① 超额利润分红股激励：即根据企业销售额、毛利和净利等指标设定目标与分红比例，按照事先约定的行权条件提出超额比例进行分红。

在考核中全部达标，就可以获得再开新店的机会，在新店中以8%的投资比例入股。

“20”，即20%，如果店长成了区域经理，就可以独立选择门店经营，而且还可以获得新店投资入股20%的权利。

喜家德的这种股权激励模式，极大地调动了店长培养人才的积极性。而且将店长与新店长的利益紧密相连，实现了低成本沟通和人才培养。对于那些与喜家德相同体制的连锁店来讲，喜家德的股权激励模式值得学习和参考。

【案例点评】

喜家德能够将员工股权激励做得如此成功，在于喜家德的完善考核机制和管理体系。一个公司即便再庞大，如果没有有效的运营机制，也很难让员工感到公平公正，很难让员工对股权激励模式心服口服。

著名心理学家马斯洛提出了一个需求层次理论，即人们的需求，从低到高，依次是生理需求（即身体对食物、温暖等方面的刚需）、安全需求（即满足心理上的安全需求）、社会需求（即获得归属感方面的需求）、尊重需求（即受到尊重与肯定的需求）、自我实现的需求（即发挥自我潜能，实现理想的需求）的满足。

喜家德的这种激励模式是一种层层递进的模式，只要员工好好干，都可以实现所持股权份额的持续上升。这一点是与著名心理学家马斯洛的需求层次理论相吻合的。既不会激励力度不足影响员工的积极性，又不会因为员工获得过高的收益而失去继续积极进取的动力。足见喜家德将股权激励玩到了新高度。

衰退期

人有生老病死，企业也会经历诞生、成长、成熟和衰老阶段。在企业进入衰退期后，企业急需做的就是保住核心骨干不流失。此时重点要采用现金类激励，少用权益类激励。因为现金类激励对于员工而言诱惑力更大。所以，这个阶段最好采用虚拟股票激励的方式，为员工做现金分红。

落地细节：股权激励方案落地“九定”模型

股权激励方案落地，除了需要其具有可操作性之外，还需要掌握更多的落地细节，才能保证整个方案落到实处。运用好股权激励方案落地“九定”模型，有助于股权激励效果最大化。

1.定向：方向比方法更重要

任何事情，有目标、有方向，朝着这个方向努力奔赴，才会更加高效。否则就像无头苍蝇一样，没有前进目标，永远难以成事。

做股权激励，同样需要明确方向，即明确做股权激励的真正目的是什么。方向比方法更重要。

当前，有不少企业认为股权激励可以有效激发员工的工作积极性，提升员工的工作效率和业绩，因此就将企业没有做大做强归咎于没有实施股权激励。但当其做股权激励的时候，又是一种毫无目的的赶潮流心态，草率实施后发现耗费了大量时间、资金、精力，效果却一言难尽。因此，做股权激励，首先要有目标、有方向。

不同性质、不同规模的企业，或者同一企业处于不同发展阶段，在制订股权激励方案的时候，也应当注意要有不同的目的。有的企业是为了吸引人才、留住人才；有的企业是为了激发员工潜能，为公司创造更大的价值；有的企业是为了让老员工培养更多的新人……

在制订股权激励方案时，要多问几个问题，如为什么要做股权激励？想要通过股权激励达到什么目的？如何通过股权激励实现这个目标？

明确了这些问题的答案，也就有了激励计划想要达到的效果。接下来的工作才不会有所偏离。

2.定股：用什么性质的股份进行激励

在确定好股权激励目标之后，接下来要做的就是确定用什么性质的股份对员工进行激励。换句话说，要选用什么样的股权激励模式才能保证激励效果的最大化。

在股权激励模式的选择上，可以选择一种或多种模式并存的方式，只要科学、合理，都是不错的选择。

具体选择股权激励模式的步骤如下：

第一步，明确激励模式种类。

选择激励模式之前，首先需要相关负责人明确我国现有的股权激励模式的种类有哪些，每一种激励模式的特点和实施条件是什么。

第二步，初选激励模式。

在选择股权激励模式的时候，要根据企业内外部环境条件以及所要激励对象的不同，并结合各种激励模式的作用机理和其存在的相关缺陷等，初步选择适合本公司的几种激励方法，以备筛选。

第三步，确定激励模式。

根据企业当下的实际情况，包括企业是否上市、原有股东的意愿、公司未来发展潜力、未来资本运作需求等，对初选模式进一步做筛选。

3.定人：选择对的人给予激励

股权激励的对象往往是公司里那些具有贡献价值的人，他们掌握了公司的关键技术，控制了公司的关键资源，掌握了公司的核心业务，是公司的核心人才。

如何才能正确做出合理的选择呢？

（1）激励对象选择的原则

在确定激励对象时，要把握好如下原则：

①宁缺毋滥原则。

核心人才有很多，所以在核心人才中选择激励对象时，要坚持宁缺毋滥的原则。不能为了激励而激励，只有那些真正为公司出力、为公司贡献价值的人，才能成为激励对象。

②不可替代性原则。

股权激励并不是针对公司所有人的，只有少数人享有股权激励所带来的收益，才能激发其他员工为了这份利益和荣誉而更加奋进和努力。这体现的是股权激励的一种稀缺性特点。稀缺的奖励应当授予企业中的稀缺人员，这样股权激励的价值才能真正体现出来。公司中的高管、核心技术人员、市场开发人员等，他们是公司的稀缺人员，而且具有不可替代性。因此，在选择股权激励对象时，在坚持公平原则的基础上，应当首先向这类人群倾斜。

（2）激励对象选择方法

选择激励对象，其实也是有一定的科学方法和评判标准的。主要从以下几个方面入手：

①岗位价值。

评估一位员工是否有资格享有股权激励，主要是从其岗位价值进行判断。员工的一部分价值，主要是其在岗位上工作时体现出来的，因此岗位价值可以作为员工价值的衡量标准之一。

②素质能力。

员工素质能力的高低，既是其当前能力大小的体现，也代表了其未来开发潜能大小的预期。素质能力同样可以作为评判激励对象选择的评判标准。

③历史贡献。

历史贡献是一种最直接的评判方法。通过员工历史贡献的排序和对比，就能很好地筛选出股权激励对象。

4.定量：股权激励总量与个量的科学配比

股权激励的一个重要问题是如何激励？给员工多少股权份额才合适？这也是很多相关负责人感到头疼的问题。

如果激励数量过大，会影响公司股东的控制权，并给公司带来巨大的现金流压力；如果激励数量过小，难以引起员工兴趣，也就失去了激励的作用。

其实，解决股权激励定量的问题，就是解决股权激励总量与个量如何做到科学配比的问题。

（1）定总量

总量，是指本次股权激励的总股份份额。

总量好比是一个巨大的股份池，在确定总的激励股份份额时，重点要关注分配后的股权结构和持股比例。

对于上市公司，其总量与个量的分配有明确的限制，即总量不得超过公司股本总额的10%，个量不得超过公司股本总额的1%。

对于非上市公司，没有相关法律法规对其激励股份总额做强制性规定，公司可以按照自己的需求进行自由设计。但有几个重要的数字是必须要注意的：67%，绝对控制权；51%，相对控制权；34%，一票否决权。

对于非上市公司来讲，定总量的方法如下：

①直接分配确定法。

直接分配法，其实是根据企业自身特点，如当前的估值水平、创始股东的意愿、同行竞争对手的激励水平等，来确定股权激励的总量。通常总量分配的比例在10%~30%之间。

②薪酬水平确定法。

每一个公司都有一个员工薪酬水平。以员工薪酬水平为基础来确定股权激励的总量也是一种科学的方法。

有一个计算公式：股权激励总量=年度总薪金支出×系数。

该公式中，系数的具体数值，根据公司自身情况来确定。这种将激励总量与员工薪酬水平相挂钩的方式，使得企业在具体实施的过程中更具灵活性。

（2）定个量

个量，是指本次股权激励，每个人能分到的股份数量。

在定个量的时候，兼顾法律法规的同时，要注意公平性，并把握好激励对象的心理预期。

定个量的方法，通常如下：

①岗位群比例确定法。

具体操作方法如下：

第一步，将岗位进行归类，形成岗位群。

第二步，按照岗位群比例法确定各岗位群总比例。

第三步，按照个人股权比例公式计算出个量的多少，即

个人股权比例=岗位群总比例÷岗位群总人数×本次股权激励总量

例如，假定某公司的总股本是1000万股，本次股权激励总量为20%，即200万股。公司将激励对象分为高层、中层、骨干层。然后确定岗位群比例，即高层占奖励股份总额的30%，中层占40%，骨干层占30%。

该公司中层员工现有持股人数10人，则中层员工的个人股权比例=20%÷10×200=8（万股）。即个人股权比例为0.8%。

分3年授予完毕，第一年3万股，第二年和第三年各2.5万股。

②直接判断确定法。

直接判断确定个量的方法，即董事会综合评判后，直接决定每个激励对象的股权激励数量。

采用直接判断确定法需要考虑多方面的因素，包括员工职位、员工业绩、竞争对手的情况等，然后再根据可供分配的股权激励总量，直接决定每个激励对象可以获得的股权分配量。

这种方法虽然操作简单，但不适用于激励人数较多、规模较大的企业，最终结果会受到公司创始人股东个人喜好的影响。

案例9 小米：给员工的股权分配方案

众所周知，小米不仅在互联网领域有一定的话语权，还是股权设计高手，在股权分配方面有自己的一套独特模式。

在创建早期，小米就已经开始实施股权激励，允许员工在股票和现金之间

弹性调配比例作为自己的薪酬。在员工应聘的时候，小米就给应聘者提供了三种股权分配方案：

方案一：100%薪酬+象征性股权数量；

方案二：（80%薪酬+20%薪酬）×2倍的股权数量；

方案三：（50%薪酬+50%薪酬）×3倍的股权数量。

其中，有15%的员工选择了方案一，70%的员工选择方案二，有15%的员工选择了方案三，他们只拿一点生活费，却占有公司较多的股份。

【案例点评】

小米提出的这三种不同的股权分配方案，充分站在员工和高管的立场上进行设计。员工和高管可以根据自己的情况选择合适的股权激励方式，具有极好的灵活性。

5.定源：明确股份来源和资金来源

对员工做股权激励，首先要有可用于激励的股份和资金。那么股份和资金从何而来？

（1）股份来源

一般情况下，用于股权激励的股份来源有以下几种：

①预留股份。

上市公司在发行新股时，预留股份部分可以作为股权激励的来源，实施股权激励计划。如果不预留股份，那么新加入的股东会稀释原有股东的股份，引起原有股东的不满。通常，预留股权的份额应当是全部股份的10%~20%，具体比例需要各方协商确定。

②增发新股。

增发新股，是经证券监督管理部门同意后，上市公司对激励对象直接增发新股。

增发新股作为股份来源方式之一，存在以下问题：

一是需要公司的其他股东放弃优先认购权。

二是在非上市公司中，通过增发新股的方式对员工进行股权激励，不存在法律障碍。但需要注意的是，《公司法》中规定：优先公司股东上限为50人，股份有限公司的优先股东上限为200人。因此被激励人数不得超过这个上限数值。

③回购股份。

《公司法》第143条第1款第3项规定："公司可以回购本公司股份奖励给本公司职工。"同时还规定："公司收购本公司股份，应当经公司股东大会决议，并不得超过本公司已发行股份总额的5%。用于收购的资金，应当从公司的税后利润中支出，所收购的股份应当在一年内转让给职工。"

上市公司将回购股份作为股权来源十分常见，但对于非上市公司，将回购股份作为股权来源来激励员工的方法需要慎用。因为这部分股份即便《公司法》允许作为股权激励的来源，但也受到诸多限制。比如，不得超过股权激励总额的5%的限制，明显要低于上市公司不低于股权激励总额10%的限制。

④股东有偿转让和无偿赠与。

股东转让：股东转让，即公司部分股东或全体股东将其受众的部分股权有偿转让给激励对象。如果将股权转让给管理者，则可能形成管理层收购。

股东转让的股权是股东向股东以外的人转让，因此转让股东以外的其他股东并不具有有限购买权，这是确保股东转让作为股权来源程序合规的关键。

股东赠与：股东赠与是股东将股权无偿转让给他人的一种转让方式。

股东赠与股权作为股权来源方式之一，《公司法》第71条第2款做了相关规定：当股东对外转让股权时，经股东同意转让的，在同等条件下，其他股东享有优先购买权。

（2）资金来源

资金来源主要渠道如下：

①激励对象购股资金。

激励对象通过自掏腰包的方式缴纳获授的股权激励对价款，这是股权激励当中常见的一种方式。这种先掏钱后获取现金收益的方式，类似于银行存款，激励对象赚取的收益，类似于银行利息。

②公司公益金、福利基金。

很多公司有公益金、福利基金，可以从公司的公益金、福利基金中划出一部分作为专项资金，将这部分资金拿出来做股权激励。

③公司或大股东提供的融资。

大股东融资，会为公司注入大量的现金流。这些融资也可以作为股权激励的资金来源。

扩展阅读

股权激励赠予通知书范例

××公司股权激励赠予通知书

________先生/女士：

本公司按照《××公司股权激励计划》和《××股权激励实施细则》的规定，于______年______月______日赠予你______股权，并从赠予日起至______年______月______日为______年的锁定期。你可以在______年______月______日开始分年行权，具体行权办法按照相关规定进行。这部分股权将在______年______月______日到期。

此次赠予的股权受《××公司股权激励计划》和《××股权激励实施细则》有关规定的约束。

受赠人：

法定代表人：

（公司盖章）

年　　月　　日

6.定价：明确股权价格

在实施股权激励的过程中，公司会让员工以一定的价格购买股权。既然要购买，就涉及价格问题。那么如何定股权激励的价格呢？

（1）非上市公司的股权价格确定方法

①老板和员工协商认可。

很多人认为，股权激励实施的过程中，股权的价格可以通过专业评估机构来确定。事实上，尤其是非上市公司的股权价值，是非常难评估的，即便可以由专业机构评估，也是按照非常低的价格去评估的。而且即使评估出一个价格，员工如果不认可的话，那么一切工作也都是徒劳。所以，针对非上市公司，确定股权的价格应当采取老板和员工协商的方法。只要双方认可，价格就可以确定了。

②以净资产评估值作为股权价格。

以净资产评估值作为股权价格，通常是用公司的净资产或公司净资产的折扣价来确定员工行权的价格。

这种定价方法通常适用于境内公司，也适用于企业净资产与企业注册资本金相差较大的情况。

③当期市场评估价作为股权价格。

公司可以参考当前融资的价格或者折扣价格来确定股权价格。对于国内的互联网企业来讲，一般是按照激励时公司融资估值的一定比例作为股权的定价。

④以注册资本金作为股权价格。

以注册资本金作为股权价格，是指以原始注册资本的价格作为股权的价格。这种方式适用于一些注册资本金与企业净资产相差不大的企业。

这一方式与其他方式相比，简单易操作，价格比较低，激励力度却很大。但这种方法也存在一定的弊端：这个价格与股权公允值①之间的差距较大，在

① 公允值：也称为公允价格，是指熟悉市场情况的买卖双方在公平交易和自愿的前提下确定的价格，简单来讲，就是买卖双方共同认可和允许的价格。

公司上市时，会计会要求两者之间的差额部分用于抵消当期损益，这会影响公司财务数据。严重的，可能会导致当期利润变为负数，进一步影响公司的正常上市。

（2）上市公司股权价格的确定方法

2018年8月决定修正的《上市公司股权激励管理办法》中的第23条、第29条，对上市公司的股权价格确定方法作出了明确规定：限制性股票和股票期权激励模式在行权时，股权行权价格不低于股票票面金额，而且要求上市公司在采用其他方法确定限制性股票和股票期权的授予价格时，应当在股权激励计划中对定价依据及定价方式作出详细说明。

7.定槛：获得股权分配的准入门槛

股权激励并不是人人都可以享有的，而是受到一定的准入门槛限制。这里的准入门槛包括两部分，即授予条件和行权条件。

（1）授予条件

授予条件，是指激励对象想要获得股权激励需要满足的条件。股权激励的授予条件，分别对公司和激励对象都设定了相应的门槛。

①上市公司股权激励的授予条件。

一是公司授予条件。

根据《上市公司股权激励管理办法》规定，公司做股权激励，在未发生以下任一情形时，才能授予激励对象相应的股权。

·最近1个会计年度的财务会计报告被注册会计师出具否定意见或无法表示意见的审计报告。

·最近1年内，因重大违法违规行为，被证监会予以行政处罚。

·证监会认定的不能实行股权激励计划的其他情形。

二是激励对象获授条件。

激励对象未发生以下任一情形时，才能获得相应的股权授予。

·最近3年内被交易所公开谴责或宣布不适当任选的。

· 最近3年内因重大违法违规行为，被证监会予以行政处罚的。

· 具有《公司法》规定的不得担任公司董事、监事、高级管理人员情形的。

除了以上相关规定之外，对于公司而言，激励对象获得授予条件，主要与其业绩挂钩，只要激励对象的业绩考核指标达标，就能获得公司授予的股权，反之则不能获得。

②非上市公司股权激励的授予条件。

非上市公司的股权激励授予条件不受法律法规的限制，但为了避免员工相互之间的揣测，也考虑到股权激励计划的公平性，公司可以自行设定一些绩效考核标准作为员工获授条件。

③授予方式。

股权的授予方式主要有两种：一次性授予和分期授予。

一次性授予：一次性授予方式与分期授予相比，易于操作和管理，但对于绑定人才方面的力度则较弱。一次性授予可以分为以下几种情况：

· 公司可以在员工正式进入公司之日起一次性授予其股权。

· 公司为了吸引人才，可以在员工任职一段时间后一次性授予，以提高员工的离职成本。

· 在特定的日期一次性授予。

分期授予可以有以下几种授予方式。

· 按照时间条件来进行。比如每两年授予激励对象一定数量的股权，全部股权在8年内授予完毕。

· 按阶段性业绩目标条件来进行。比如激励对象每达到一个阶段目标，就可以获授一次，直至全部股权授予完毕。

（2）行权条件

行权条件，是指激励对象获得股权激励权利后，在其行权时需要满足的条件。

对于公司而言，主要体现为总量指标和财务指标达标，如净利润增长率、净资产收益率等达标，才能行权。

对于激励对象而言，主要是需要在业绩考核指标达标的情况下，才能行权。

只有两者都符合要求，股权激励才可以真正实施，激励对象才可以行权、获赠或购买公司股权。

例如，某公司的股权激励方案中，对激励对象的行权条件作出以下规定：

①激励对象行权的前一年度绩效考核为良好及以上；

②激励对象行权的前一年度，扣除非经常性损益后的加权平均净资产[①]收益率不低于10%。

（3）行权方式

常用的股权激励的行权方式有以下三种：

①现金行权。

现金行权方式最为常见，是指员工用现金支付行权价格，并由此持有购买的股票。如果在行权时需要确认税收入，那么员工需要缴纳相关税费。对于税费和行权价格的管理，不同的公司会有不同的规定。通常，公司会要求员工将税费和行权价格合并，或者分别以支票的方式支付给公司。这就需要员工能够拿出足够的现金，但员工也需要承担因股价下降而带来的风险。

②股权互换行权。

股权互换行权方式是一种比较复杂的行权方式，是指激励对象用手中已经拥有的公司股权购买期权股票。在支付的过程中，互换比率根据现行股价与行权价格之间的关系来定。

股权互换行权方式更加适用于高层管理人员，原因有两点：第一，通常他们手中都拥有一定数量的公司股票，可以用来交换；第二，他们获授的股权数

① 加权平均净资产，是指计算日所有上市公司净资产的平均值。

量较大，如果用现金行权，可行性不高。

③贷款行权。

贷款行权，其实是一种公司帮助员工融通行权所需资金的方法。公司会帮助员工向银行贷款，为员工筹集行权所需的资金。在设计贷款行权时，公司需要对贷款利息作出合理的规定。如果利息过高，员工吃不消，行权难以实现。如果利息过低，则会被视为给员工的额外优惠。

8.定时：确定最佳激励时间

股权激励应当是一种长期的制度，需要设置一定的激励时间，既要保证企业能达到激励的目的，又要确保员工享有的激励不会遥遥无期。

（1）股权激励的最佳时机

股权激励并不是随便找个时间进行即可，而是需要寻找一个最佳的激励时机，才能确保达到最佳的激励效果。

通常，企业的成长阶段分为初创期、成长期、成熟期、衰退期。在哪个阶段的什么时候实施股权激励最合适呢？这个问题没有固定答案。但要知道，过早激励，会使得激励成本过高，同时也难以达到理想的激励效果。

比如，在公司初创期，当公司还没有获得A轮融资时，此时的公司并没有“身价”，如果此时就给相应的员工发放一定比例的股权，他们不但不会心怀感激，甚至还会认为此时获得公司股权还会无形中为公司承担风险，由此会产生一定的负面影响；或者在后期公司的业绩越来越好的时候，创始人可能会因为过早地做了股权激励而认为给员工分得的股权太多而后悔。

那么，如何才能把握好股权激励时机呢？需要注意以下几个时机的把握。

①当公司有融资需求时，不管是为了给公司注入资金，还是为了让公司上市，此时实施股权激励有助于公司目标的快速达成。

②在公司进行并购重组时，会出现重大人事调整和公司组织结构变更的情况。这时最容易引发员工的不安情绪，如果能够在这个时候合理安排股权激

励，可以有效消除新股东和创业元老因为公司并购重组而引发的矛盾。

③公司在进行商业模式创新时，同样是最佳的股权激励时机，可以有效留住人才、激发优秀人才的创新潜能。

④在公司推出全新发展战略的时候，可以推进股权激励计划的实施。这样做可以鼓励他们为了实现公司战略目标而更加积极、努力工作，将员工和公司利益有效捆绑在一起。

（2）股权激励的几个重要时间点

股权激励的一个周期，包括方案的制定、授予、等待、行权、禁售、解锁。在这个周期中，涉及几个十分重要的时间点，如图4-2所示。

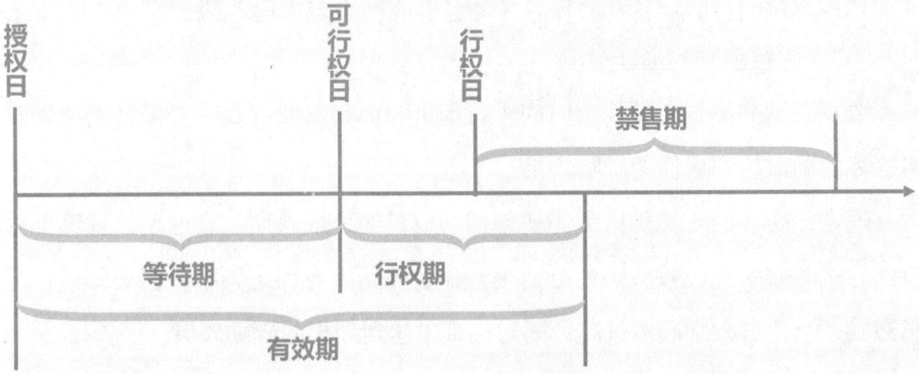

图4-2　股权激励相关时间点示意图

①有效期。

有效期是指从实施股权激励计划生效到最后一批激励股票的股份行权或解锁完毕的整个时间段。在确定有效期的时候，应当遵循以下几点。

· 根据《上市公司股权激励管理办法》中的规定：股权激励计划的有效期从首次授予权益日起，不得超过10年。非上市公司在这方面没有强制性规定，所以在确定有效期的时候也应当根据企业自身情况而定。

· 与企业战略目标完成所需时间一致。

· 股权激励计划的有效期设置应当不超过激励对象劳动合同的有效期。这样做是为了避免激励对象的劳动合同已经期满，却还处于激励的有效期内的情形，以减少不必要的麻烦。

②授权日。

授权日是指激励对象获得授权的具体日期。授权日实际上是激励计划方案实施的时间点。

对于上市公司而言，授权日必须是交易日。上市公司需要在60天内完成授予权益，并完成公告、登记等相关工作。

非上市公司在这方面没有强制性规定。

③等待期。

等待期是指激励对象获授股权激励后，需要等待一段时间，在这段时间内达成相关约定条件才可以获得股权激励股份。

等待期时间有长有短，通常可以设计以下三种类型。

一次性等待期，即激励对象所持股票期权在某日的某个时间一次性全部获得执行权力。这种等待期适合于希望在既定时间内改善业绩的公司。

分次等待期，即激励对象可以对所持股权进行分批行权。这种等待期可以将激励对象与公司有效捆绑在一起。在行权的时候，可以设置不同的分次等待期，由公司自行决定。

业绩等待期，即激励对象在一定时间内业绩达标才可以行权。这种等待期适用于那些业绩和发展前景出现困难的企业。

④行权期。

行权期，是指激励对象在被授予股权的有效时间内可以行权。

⑤禁售期。

禁售期也称为锁定期、限售期，是指激励对象在行权后的一段时间内，所持的股票不得转让、出售。

设置禁售期，主要是为了防止激励对象为了获得短期利益而给公司利益造成损害。

9.定制：激励机制为方案落地保驾护航

股权激励方案能够顺利落地，还需要相应的机制保驾护航。在相应机制的配合下，才能发挥引导激励对象长期为公司贡献价值的作用。

保障股权激励计划有效实施，具体需要制订哪些机制呢？

（1）股权激励计划的考核机制

激励对象完成业绩考核，是获取股权激励的一个重要指标。在制订股权激励计划的考核机制时，要严格按照计划书和协议书中的考核内容和指标进行，同时还要保证考核机制的科学性和完善性。

除了考核激励对象的业绩之外，还需要建立科学的评价标准和方法，如评级量表法、目标管理法、360度绩效考核法等，以此对激励对象的业绩能力进行评估。

（2）股权激励计划的薪酬机制

实施股权激励的过程中，还应考虑激励对象的中长期薪酬比例。

通常，高层管理者通过股权激励所获得的薪酬占个人总薪酬的60%，中层管理者占40%，基层管理者占20%。这种薪酬机制能够有效调动相关人员的工作积极性，另外也可以很好地控制因为高薪支出而带来的资金流压力。具体薪酬比例，企业可以根据自己的实际情况而定。

（3）股权激励计划调整机制

股权激励计划并不是一成不变的，在具体的实施过程中，可以根据实际情况进行相应的调整，以确保股权激励对象能在公平的基础上获得股权激励机会。

除此以外，在实施股权激励计划的过程中，激励对象出现辞职、被开除、调离岗位、死亡、丧失劳动能力等情况时常出现，此时其股权激励资格就会发生改变。面对这些特殊情况，适当地对股权激励计划作出调整，会有效避免这些特殊情况引发的纠纷。

（4）股权激励计划终止机制

在实施股权激励计划的过程中，可能会因为公司不具备股权激励计划资格，或者因为激励对象不具备获得股权激励资格，或者因为其他原因，会导致激励计划终止。此时，就要制定相应的终止机制。无论是公司还是激励对象，抑或是其他原因，只要满足终止机制中的任何一条，股权激励就要被终止，直至在未来合适的时机再开始新一轮的股权激励计划。

落地方法：解码战略落地方法

制定股权激励方案，说到底，方案落地才是最终目的。那么如何让股权激励方案有效落地呢？掌握有效的落地方法是关键。这里有五种股权激励落地方法供你选择。

1-3-5渐进式激励法——核心高层激励法

一般企业在实施股权激励的时候，都会采用1-3-5渐进式激励法。

1-3-5渐进式激励法，其中“1”是指一年的在职分红，“3”是指三年滚动考核，“5”是指五年锁定。这种激励方法的实施是一个渐进的过程，适用于对核心高层的激励。

在这种激励法中，“1”是包含在中间的3年里的，3年考核+5年锁定，一共是8年。这是国际上通用的股权激励的标准周期。也就是说，一个职业经理人，能够成为公司真正的合法股东，通常需要8年时间。

因此，公司领导人必须有长远的规划和宏伟的愿景，才能使员工愿意追随你。比如，你要做5年股权激励计划，那么就需要对公司未来20年的发展做好规划。

1.三年滚动考核

通常，对于工作一年的企业高层，并不建议给其分股份，那么何时可以给企业高层分股份呢？通常情况下，需要具备这几个条件：跟着老板很多年，经过相处后对其十分了解，其人品绝对没有问题。在这种情况下，企业可以按照岗位价值评估方法，先预算一定的额度，通过一年的评估期后，看该高层能拿多少股份，然后将其转化为比例，再到市场监督管理局注册。

举个简单的例子。当前公司总共有1000万股，第一年激励对象获得的激励股数为20万股，第二年激励股数为15万股，第三年激励股数为10万股。三年后，该激励对象累计获得的股份数额为20+15+10=45（万股），三年平均每年获得的股份数为45÷3=15（万股）。三年后，公司的总股数增加到了1500万股，那么这个激励对象平均每年获得的股份数为15万股，占公司股份总数的15÷1500=1%。这1%就是激励对象注册的股份比例。

2.五年锁定

在三年滚动考核结束后，就会进入五年锁定期。此时，企业需要考虑的主要有以下几点：

（1）预付定金的额度和性质

激励对象购买股份的定金额度通常占全款的5%~10%，定金是不可以退还的。

（2）终止激励的条件

只要出现以下任何一种情况，都可以终止股权激励。

①不能胜任岗位工作，违背职业道德、严重损害公司利益或声誉的行为；

②泄露公司机密、与外部人员勾结，进行不正当交易的行为；

③私自开设公司或有相近业务的公司；

④被公司辞退或丧失行为能力、死亡等；

⑤违反《公司章程》，违反法律法规的行为。

（3）中途退出的处理方法

在锁定期的五年时间里，如果激励对象已经全款购买了公司的股份，却中途退出了。对于这样的情况，应当做如下处理：

①如果激励对象离开时，公司处于盈利状态，公司可以以原价回购其股份，退还其本金。

②如果激励对象离开时，公司处于亏损状态，公司要求激励对象按照股份比例弥补公司亏损后才能离开。弥补上限为出资额。

③如果公司提前上市了，那么为了加快上市步伐，公司要提前解锁并快速注册。

如果激励对象在锁定期五年结束后离开，应当做如下处理：

①直接注册股份。

②公司用净资产每股收益价回购，或者双方协商一个相互认可的价格，然后由公司回购。

案例10　某公司：1-3-5渐进式股权激励

某互联网公司专注于手机产品的研发和生产。公司的创始人兼董事长占有公司总股份的100%。公司为了更好地吸引更加优秀的人才，为了能够更好地发展，决定对公司高层推行1-3-5渐进式股权激励。总体方案如下（部分内容已省略）：

①本次参与股权激励的对象包括财务总监、创意总监、技术总监、生产总监、市场总监、销售总监，共六位高层管理人员。

②如果高层管理人员完成自己对应的业绩指标，公司分别授予财务总监8%、创意总监10%、技术总监8%、生产总监6%、市场总监2%、销售总监2%的虚拟股份，年底可参与分红。

③三年后，虚拟股份激励对象完成自己对应的业绩指标，可将虚拟股份中的一半转换为实股，剩余部分依然享有分红。购股资金从激励对象当年的红利中扣除，不足的部分延迟两年补齐。购买价格以当期股份评估价格的五折为标准。

④激励对象获得公司的实股后，进入五年的锁定期。第一年解锁30%，第二年解锁25%，第三年解锁20%，第四年解锁15%，第五年解锁10%。

⑤如果激励对象离开公司，解锁的股份需要以当期价格售卖给公司。未能解锁的部分，则视为自动放弃，但公司会退还本金。

【案例点评】

做股权激励，不要想着一步到位，要循序渐进。这就好比是公司和员工从相识到相恋，再到结婚一样，在结婚前一定要找到对的人。如果找错了人，股权分出去了，就难以收回。股权激励一定要设置好门槛，这样只有那些真正优秀的人才能成为公司的股东。该互联网公司就是借助1-3-5渐进式股权激励模式成功的典范，值得众多公司借鉴。

延迟式激励法——减速发放红利法

企业做股权激励，对企业本身和员工来讲是好事。但如果因为做股权激励而影响企业的现金流，则得不偿失。那么有没有一种方法，既能保证股权激励能够高效实施，还能保证现金流不受影响呢？当然有，就是采用延迟式激励法。

延迟式激励法，其本质就是减速发放红利。下面举个简单的例子。

例如，某公司做股权激励，激励对象本年度应得的红利是1000股期权和10万元现金，公司不会一次性全部支付给激励对象，而是在五年时间里，分三次将全部股权和现金支付完毕。

第一年授予500股期权和5万元现金；第三年支付300股期权和3万元现金；第五年支付剩余的200股期权和2万元现金。

采用延迟式激励法的好处是，能够减少公司现金流的压力，同时还能延长激励对象的时间轴，使得激励对象为了获得更多的收益而将自己的目标与企业发展紧密相连。

"金色降落伞"激励法——老员工激励法

每个公司都有这样一群人：他们为了公司贡献了自己的青春和汗水。但随着公司的不断发展，他们可能已经跟不上公司的步伐，甚至成了公司发展的阻碍。为了给公司注入新鲜的血液和活力，企业招聘新人加入，但对于如何处置这群老员工却陷入了两难境地。解雇他们，会让其他人心寒；继续留任，会影响公司发展。

面对这样的两难境地，采取“金色降落伞”激励法能有效解决老员工的退出问题，让老员工放心，新员工忠心，老板安心。

什么是“金色降落伞”激励法呢？“金色降落伞”激励法，就是按照聘用合同中公司控制权变动条款，对公司高管进行补偿的规定。“金色”是指丰厚的补偿，“降落伞”是指高管可以避开公司控制权变动带来的风险而平稳过渡。

实施“金色降落伞”激励法，公司即便被收购，公司高管无论是主动辞职还是被动离开，都可以获得一笔巨额安置补偿费。这里举个例子来说明。

在电视剧《乔家大院》中有这样一个桥段：

顾天顺是乔家的大掌柜，从20岁开始进了乔家打工，30岁的时候被提拔为大掌柜即CEO，这一干就是40多年。在他到了60岁快要退休的年纪，就想着如果自己再不捞点就没时间了。于是他作出了一些举动：不但要自己离职，还怂恿二掌柜、三掌柜一起离职。这时候，老董事长召开了会议，将顾天顺损害公司利益的行为一条条列了出来。这时候，顾天顺明白自己犯了不可逆转的错误，但内心依然有恃无恐，因为他觉得自己对公司有巨大贡献，周围还有那么多人看着，公司定不会对他有过分的处置。

董事长的做法让人出乎意料，包括马荀的上台。马荀是一个基层员工，也是个业务员，为人正直，能力很强。所以董事长将马荀从基层一步提拔到CEO的位置。董事长的做法很大胆，但下面的人心里却很不服。顾天顺此时煽风点火，故意放话：自己在公司干了40年，就是这样的下场。这句话极具杀伤力，让公司员工对自己的未来感到十分迷茫。

但董事长却再次站出来和顾天顺沟通了起来：我知道你贪污是为了给母亲看病尽孝，对这样的事情我都可以理解。今天你要离开是考虑到自己母亲的身体情况，那么你就好好回去休息一下，而且我还会给你买房，方便你照顾你的母亲。还有就是你不用到柜上来，但工钱照拿，奖金照拿。马荀此时也站了出来，补充了一句：凡是在公司效力30年以上的掌柜，一律保留身股①养老。顾天顺听了，心理十分明白，这一条其实是专门为自己设定的。于是顾天顺内心感受到了董事长对自己的情谊，也知道自己得了便宜，也便不再闹事。

“金色降落伞”激励法，针对的是企业中的三种人。

第一种，董事、监事和公司的高管等。

第二种，签署技术保密协议的公司成果的主要执行人。

第三种，董事会任命的对公司有重大、特殊贡献的人。

需要注意的是，“金色降落伞”激励法是针对老员工的未来而不是针对当下进行激励的方法。

超额利润激励法——利润分成激励法

超额利润激励法是一种利润分成的股权激励方法，主要是为了鼓励员工参与企业管理，体现员工的主人翁精神，激发员工的工作动力和士气，而依据员工所在岗位价值、潜在贡献、历史贡献、工作业绩等，额外授予员工一部分公司利润的股权激励方法。

具体操作是：公司设定一个利润目标，以超出这个目标的部分利润作为分红，来达到激励的目的。超额利润额=实际完成利润额-基础目标利润。

这种股权激励方法主要表现为仅获得相应股份比例的分红权利，没有投票权及所有权。

按照股权激励研究的结论和公司岗位价值评估结果的测算，比较合理的股权激励比例是高层、中层和一般骨干员工的股权激励数量为4：2：1。

超额利润激励法在操作的过程中应注重三个原则。

原则一：企业目标利润不能一年定一次，建议一次性定三年的目标利润。

---

① 身股：这个概念起源于晋商，是晋商在股份制中一个独特的创造。给不出资的优秀员工一定的身股，让其参与经营、管理和分红。身股不必出资，是一种纯粹的收益股份。

两年太短，五年太长，三年则更加符合人的心理周期。

原则二：企业的三年目标利润一旦制定，就不能随意改变。即便第二年的目标提前实现了，也不能调高后续年份的目标利润。除非遇到特殊情况才可以调整。

原则三：如果前一年目标利润没有达标，第二年必须将前一年亏欠的先补回来，然后再确认第二年的超额分红比例，计算超额分红。

例如，某公司做超额利润激励，第二年的实际利润为1655万元，第二年的目标利润为1000万元，那么第二年的超额利润=实际利润1655万元-1000万元=655（万元）。

第二年利润完成率为：1655万元÷1000万元=165.5%；第二年的超出利润比例，即超额分红比例为：655万元÷1000万元=65.5%。

五步连贯激励法——业务团队激励法

五步连贯激励法，是指激励对象通过定股、定人、定价、定量、定时五个步骤实现的递进连环激励方法。

这种激励方法主要适用于对业务团队的激励，能够使得公司与业务团队形成利益共同体、事业共同体。

公司业务团队通常可以分为两大类：一类是全国各地乃至世界各地的分公司、子公司；另一类是总部的各个业务部门。事实上，无论哪种类型，在管理上都是相通的，在激励模式上也应该是一样的。

具体来讲，五步连贯激励法的五步操作如下。

第一步：定股。

第二步：定人。

第三步：定价。

第四步：定量。

第五步：定时。

具体每个步骤的操作方法和细节在前文中已经有详细阐述，此处不再赘述。

总之，五步连贯激励法环环相连，步步紧扣，不仅适用于上市企业，非上市公司和正准备上市的公司同样适用。

案例11　某科技公司：五步连贯激励法

某科技公司成立于2008年，注册资金为2000万元。在经过一段时间的成长之后，在2021年，决定实施股权激励计划，此时的税前利润达到了1200万元，净资产为5000万元，预计每股净资产年增长率为100%。为了增强公司的凝聚力、向心力和战斗力，公司董事会决定采用五步连贯激励法。

该公司的五步连贯激励法操作如下。

第一步，定股。根据公司十几年的积累，公司的注册资本虽然不高，但公司的净资产达到了5000万元，在做股权激励的时候，首先确定股份面值为1元，则公司的股份总数为1000万股，每股净资产5元。针对公司当前的发展阶段，采用股份期权模式。

第二步，定人。股权激励对象包括高层管理人员5人、中层管理人员10人，被授予股份期权。

第三步，定价。初始授予股价按照2021年度每股净资产确定的初始授予价格执行。

第四步，定量，拿出总股本的20%，即20%×2000万股=400万股，授予激励对象。

第五步，定时。本次股权激励采取循环激励的方式，即每年授予激励对象100万股，共用4年时间将所有股权授予完毕。

【案例点评】

该科技公司采用五步连贯激励法，其好处有以下几点。

首先，有效减少了公司高级管理人员的短视行为，使得员工为了自身收益能够主动与公司的发展捆绑在一起，形成利益共同体。

其次，循环激励的方式能够起到长期激励的效果，在稳固公司员工的同时，还能有效吸引优秀人才的加入。

第五章

对外激励：整合上下游，打通产业链

股权激励分为公司内部股权激励和公司外部股权激励两大类。公司内部股权激励可以推动企业内部业绩加速提升、快速发展；公司外部股权激励则可以帮助企业整合上下游资源，打通产业链，助力企业快速成长。因此，对外实施股权激励，其重要性不容忽视。

股权激励整合上下游资源的作用

公司做外部股权激励，即面向那些与公司同在一个产业链上，属于上下游关系的企业做股权激励。做外部股权激励，对于主体公司来讲，并不是“钱多烧钱”，而是为了推动主体公司在产业链中得到更好的发展。

引来外援，抢占市场

市场竞争对于每一个企业来说都是残酷的，在这种情况下，尤其是那些中小企业单枪匹马在市场中作战是难以获胜的，甚至被加速淘汰。

俗话说：“一个好汉三个帮”。解决这个困境和难题的办法，就是整合产业链上下游资源的力量，带动整个产业链参与市场竞争。以产业链为后盾，在强大的外援支持和帮助下，企业在竞争的过程中，自然会多些自信和胜算，也获得了将市场份额这块蛋糕越做越大的机会。

节约成本，以小博大

一个企业，即便做得再好，如果只借助疯狂烧钱的方式为自己打广告或大幅让利，不但需要花费巨额的资金，还会承担因烧钱却没有达到提升知名度、提升公司业绩等理想目标的风险。

但如果在实施内部股权激励之余，还能注重外部股权激励的重要性，将整个产业链上的上下游企业捆绑在一起，将上下游资源整合在一起，那么企业在成长和壮大的过程中，就能节约大量成本，同时还能避免因为资金链断裂而面临的风险。

这其实是一种以小博大的投资理念，看似烧钱，本质上却是“踩着巨人的肩膀”站得高看得远，对企业的成长和发展大有裨益，能达到意想不到的效果。

分股激励，才能共勉

对外做股权激励，能够使产业链上下游企业之间的联系更加紧密，大家形成利益共同体、命运共同体。由此，大家也有着一个共同的目标，那就是“上市”。因为公司上市后，会有如下几方面的好处。

①可以通过发行股票的方式募集资金，而且募集到的资金不用还。

②有效提升上市公司大股东的财富。

③提升上市公司的形象，获得更多的社会信任，获得更大的市场份额。

显然，上市能使公司的利益最大化，所以产业链上下游的公司自然会朝着这个目标冲刺，供应商会积极配合企业做好生产工作，经销商则会帮助企业做好产品销售工作。

总之，企业规模的大小、核心竞争力的强弱，取决于其整合资源能力的强弱。能力越强，聚合的资源越多，这就意味着其获得的外援也就越多。这样的企业往往在市场中更具竞争优势，更具发展前景。然而要想提升资源整合能力、突破资源瓶颈，外部股权激励不妨一试。

外部股权激励整合上下游资源的方式

三流的企业老板只会用一己之力，公司的大小事务，都自己干；二流的企业老板善于尽人之力，借助股权激励将员工与公司捆绑在一起，员工为了实现自己的利益而为公司努力贡献自己的价值；一流的企业老板善于用万物之力，用股权去整合一切想要的资源，让企业实现超常规发展。

任何一个企业都不可能脱离产业链而独自发展，而是永远处于上下游企业之间。想要将上下游的资源为己所用，让自己在行业中的地位变得更加牢固，甚至成为行业老大，需要做的就是对上下游合作企业进行股权激励。外部股权激励通常有三种方式，即横向平行合作、向下区域性合作、直接持有主体公司的股份。

横向平行合作

横向平行合作，即几个合作伙伴之间是一种平行关系。具体是指主体公司与上下游公司合资打造一个新的公司，大家在这个共有平台上合作，把新公司打造成上市公司。

事实上，这就好比是几个合伙人共同创业打天下一样，可以将加入新公司的每个合作企业看作是一个合作伙伴，由主体公司掌握控制权，实施股权激励。

案例12　百丽：横向平行合作股权激励

百丽集团成立于1992年，从一个名不见经传的小厂发展至今，已经有20000多家门店，成为国内知名的“一代鞋王”。其资产从最初的200万港元，到2007年上市时升至670亿港元。

百丽集团能够发展得如此好，其中很重要的一个原因是成功运用了外部股权激励。

百丽集团为了成功上市，先找了下游的经销商，让经销商销售百丽的产品，成为百丽的合作伙伴，并且百丽还会拿出一定的股权份额，按照绩效对经销商做股权激励。这样，经销商就成了百丽的股东。很快，百丽就用这种横向平行合作的股权激励方式整合了下游的销售渠道。

之后，百丽又将注意力转向上游的供应商。经过与供应商老板商谈之后，便达成了合作关系，并拟定了相关合作协议。由百丽负责产品的研发、设计和销售，而供应商只负责生产部分。在利益分配上，百丽占51%，供应商占49%。除此以外，百丽还承诺，供应商可以成为准上市公司的股东，一旦公司上市，供应商就可以获得超高回报；如果公司没有上市，供应商可以拿走所有的利润。这些丰厚的条件，对于供应商百利而无一害，供应商自然乐得与百丽合作。

这样，百丽就与上下游企业建立了合作关系。此后，百丽在与上下游的强合作关系下一步步发展壮大，最终在2007年成功上市。

【案例点评】

百丽做横向平行合作股权激励的亮点如下。

第一，百丽的经销商每卖出一双鞋，不但能赚差价，还能赚到一份期权。

第二，百丽的这种激励模式，本质上是一种对供应商和经销商的兼并。但百丽做兼并的精妙之处在于，它不是用钱去兼并，而是用股份去换。这对于百丽来说，既达成了兼并的目的，又毫无现金流压力，而且将供应商和经销商捆绑在一起，保证了合作团队的稳定性。

向下区域性合作

向下区域性合作，即主体公司在全国各地的销售公司或经销商，针对某个区域或者产品，成立股份制区域性销售公司。这样做，一方面便于主体公司和经销商进行业务往来，另一方面也为经销商设立了一个平台担保公司。这种合作属于向下区域性合作。

实施向下区域性合作股权激励的优势有以下几点：

①集中区域内优质经销商资源，形成利益共同体、统一网络和统一渠道与服务，有利于优质资源共享。

②增强渠道把控力，有效平衡经销商的竞合关系，避免区域内经销商因为自身利益而损害主体公司利益。

③用利益绑定经销商，实现公司与经销商共赢。

④风险相对较小，即便出现经营不善、销量不佳的情况，也只是存在于小范围区域中，不会对整个主体公司产生太大的影响。

案例13 格力电器：向下区域性合作股权激励

运用向下区域性合作模式做股权激励，典型的代表是格力集团。

格力早在1996年就推出了内部合伙人制。除此以外，格力还与销售渠道商合伙，推出了外部合伙人制。

在区域性销售公司成立之前，区域内多家经销商各自为政。1996年，格力电器在湖北的4家经销商为了抢占市场份额，出现恶性竞争，导致格力电器的空调价格混乱不堪，公司利益和声誉受损。为此，格力想方设法改变这种乱糟糟的情况。于是，在1997年，格力整合了一家区域股份制销售公司在武汉诞生。

所有的区域性销售公司，都是由格力电器控股，每个区域内的多家一级经销商参股。格力电器负责输出品牌和管理，统一渠道、网络、市场、服务等，持有每一家区域性销售公司51%以上的股份，但格力电器并不参与销售公司的利润分红。除此以外，格力电器还建立了明确的激励机制：区域性销售公司的经营利润，由其内部的其他股东按照持股比例和业绩贡献进行分红。

格力电器作为主体公司，一直只有极少数的销售人员，在国美、苏宁、京东等经销商崛起的过程中，格力电器在电器行业血雨腥风的商战中能够屹立不倒，并基本上一直稳居行业第一的市场地位，其中一个重要原因就在于其采用的渠道商合伙人制。

这一模式原本属于外部独立商业组织的经销商群体，却成了格力的销售主力军，它们存在于各个区域市场，并利用一切可用资源，建立和维护格力电器的市场竞争优势。

【案例点评】

格力通过这种向下区域性合作，创立了区域性销售公司，并采用相应的股权激励方式，将经销商与公司的利益进行深度绑定。一方面使得格力电器具备了极高的渠道话语权；另一方面，格力设计区域性销售公司模式，充分考虑了渠道合伙人当下所关心的经销利润和返利，也考虑了渠道合伙人的长期利益追求。正是基于这些，才使得格力电器能够在市场中基本一直处于行业领先位置。

直接持有主体公司的股份

直接持有主体公司的股份，即对于做得小的经销商做股权激励，根据其销量可以直接获得主体公司股份。这种股份一般是虚拟股份，如期权。这样，销量越大，经销商持有主体公司的股份就越多。通过这种模式，使得经销商与主体公司之间建立起了更加牢固的合作关系。

案例14　泸州老窖：用股权激励捆绑优秀经销商

泸州老窖股份有限公司的前身是泸州老窖酒厂。1993年，泸州老窖酒厂独家发起并改组建立了四川省酿酒行业中的第一家上市股份制企业，并在次年正式更名为泸州老窖股份有限公司。

在销售界，“渠道为王，终端制胜”这个口号永不过时，证明了渠道对于销售的重要性，更意味着渠道终端在市场竞争中的地位。泸州老窖更是深谙销售渠道建设和维护对其自身品牌塑造和营销推广的重要意义。

当时，泸州老窖与经销商合作，给经销商的好处是返点或者低价代理，但竞争对手却用更低的价格与泸州老窖抗衡，使得经销商失去了对泸州老窖的忠诚。这个时候，泸州老窖将经销商纳入了自己的股权激励体系。这种做法极具创造性，将原本的内部股权激励扩展到了上下游产业链，延伸为一种外部股权激励形式。

于是，在2006年，泸州老窖以12.22元/股的价格，向8家经销商、2家非经销商定向发行了3000万股普通股。该部分股份将锁定12个月，在一年后上市流通。

借助这种激励方式，泸州老窖的各项财务指标有了显著提升。2007年，泸州老窖的营业收入、营业利润、净利润，分别比上一年同期增长了51.95%、115.65%、139.28%。当时以12.22元/股的股价购入泸州老窖股票，也在2008年增长到了76元/股，涨幅达到了600%。泸州老窖与经销商实现了共赢。

【案例点评】

从以上数据我们不难看出，泸州老窖通过直接持有主体公司股份的激励方式，将下游的经销商与自身利益捆绑在一起，一荣俱荣，一损俱损。对于经销商而言，卖出一瓶酒，在赚取差价的同时，还能够提升股价。股价越高，其收益就越高。也正是在这种激励方式下，使得经销商更加关注泸州老窖的利润，更加愿意积极主动维护泸州老窖的品牌形象和地位。

第三篇

股权融资

方案制定与落地

第六章

架构设计：顶级股权融资方案设计秘诀

企业股权战略，除了股权激励之外，还包括股权融资。股权融资，是公司利用部分股权来吸引投资人投资，用股权换取公司发展所需要的资金，而且在后期不用偿还。不论什么行业、什么类型的企业，在发展的过程中，都需要做股权融资。因为股权融资是企业成长的助推器。

股权融资四大模式

股权融资是企业解决资金问题的一个重要手段。企业在进行股权融资的过程中，可以采取的融资方式有很多，主要有股权出让、增资扩股、股权质押、股权私募等。若公司不懂得股权融资时如何选择适合自己的股权融资方式，则难以有效解决公司资金饥渴的问题。

股权出让

股权出让融资，即中小企业出让企业的部分股权，以换得企业发展所需要的资金。

1.股权出让融资的类型

根据出让股权的价格与其账面价格的关系，股权出让融资可以分为溢价出让、平价出让和折价出让。

（1）溢价出让

溢价出让，就是指以股票收益率大于无风险资产收益率的方式出售。

溢价出让的实施有两种方式：

第一种，先履行程序性和实体性要件，然后与受让人签订股权出让协议，使受让人成为公司股东。这种方式，无论是出让人还是受让人，都不会面临较大的风险。但双方在签订出让协议之前，应签订股权出让草案，以便双方商量好相关事宜。

第二种，出让人和受让人先签订股权出让协议，然后再由出让人在公司履行程序及相关约定条件。这种方式存在不能实现股权出让的可能，因此对于受让人来说存在较大的风险。

对于企业做股权溢价出让，《国家税务总局关于企业股权投资业务若干所得税问题的通知》第2条第1款明确规定：企业股权投资转让所得或损失是指企业因收回、转让或清算处置股权投资的收入减除股权投资成本后的余额。企业股权投资转让所得应并入企业的应纳税所得，依法缴纳企业所得税。所以，企业做股权溢价出让，是需要按规定缴纳企业所得税的。

（2）平价出让

平价出让，是按照原股价1∶1转让给其他人。

平价出让不会产生增值，因此不需要缴纳个人所得税，但需要缴纳印花税。

（3）折价出让

转让价格高于注册资本金，则为溢价出让；与注册资本金等值，则属于平价出让；低于注册资本金，则属于折价出让。

折价出让同样不会产生增值，因此也不需要缴纳个人所得税。

根据出让股权所占比例，股权出让可以分为出让企业全部股权、出让企业大部分股权、出让企业少部分股权三种类型。其中出让企业全部股权，则出让人不再是公司股东，受让人成为公司的新股东，享受股东权益。出让企业大部分股权、出让企业少部分股权，则是出让人将自己的部分股权出让给受让人，受让人就受让部分享受股东权益。

2.股权出让融资的特点

股权出让融资会导致企业的股权结构、管理权、发展战略、收益方式这四个方面发生一定的变化。

（1）股权结构的变化

在企业股权出让后，原股东的股权被稀释，甚至直接失去对公司的控制权，失去公司股权。

（2）管理权的变化

股权结构的变化也会引发企业管理权的变化。管理权随着股权出让为被受让人所有。

（3）发展战略的变化

在受让人掌握股权之后，其作为公司新的管理者，可能会从自身利益出发，制定新的企业发展战略。新的发展战略很可能与创业者的初衷和设想完全不同。

（4）收益方式的变化

受让人是公司股权的新持有者，他们本身是拿资金换公司股权的，所以他们本质上是投资者。作为投资者，他们在看待利益获取方式、方法的问题上，与创业者有所不同。创业者更加注重的是企业的长远发展，而受让人在乎的是短期内的投资回报，在企业发展的过程中，他们以快速实现短期内的收益为目标。

3.股权出让融资对象的选择

虽然说企业可以用出让股权的方式来换取资金，解决自己的资金饥渴问题，但选择股权出让对象是个双向选择。只有彼此“看对眼”，才能满足各自所需。这样的选择才是最佳选择。

（1）大型企业

大型企业本身实力雄厚，选择大型企业作为股权出让对象，不但可以解决资金问题，还可以借助其开发能力、生产能力和销售渠道提升企业自身的能力。

大型企业投资中小企业，通常采用收购、兼并、战略联盟等方式实现。但大型企业在做投资的时候，更多考虑的是自身利益，更希望其投资的企业能够与自己联合，打造自身的产业链。

所以在选择大型企业做股权出让对象时，一定要考虑自身是否与该企业是上下游关系。

（2）产业投资基金

产业投资基金本身没有产业基础，而是靠投资赚取巨额收益。在这一点上，与主体企业的目标相较而言是一致的。所以，主体企业应当想方设法吸引其投资。

首先，主体企业与产业投资基金多接触，向其介绍自己的实际情况，以便吸引其对主体企业的投资兴趣。之后再邀请产业投资基金到主体公司进行实地考察，然后再商讨投资方式。最后签订投资协议，共同制定发展计划。

（3）政府投资

我国各级政府都会以财政拨款的方式成立各种形式的基金，用于扶持那些有潜力的中小企业。这些基金并不是以盈利为目的的，而是强调用投资的方式换取中小企业创造的社会效益。所以，政府投资是最适合中小企业的融资方式。

（4）个人投资

随着人们收入的不断增长，个人投资也成为一种较为常见的融资方式。但由于我国的金融市场目前还不够完善，所以向个人融资的成本较高。

（5）外商投资

随着我国市场开放程度的不断提升，外国机构和个人投资者进入我国的金融市场。他们不但拥有大量资金，还掌握了创新市场运作方法。如果主体公司希望解决资金短缺问题，同时还需要改善经营管理方法，就可以选择外商投资。

增资扩股

增资扩股融资，是指中小企业为了进一步发展壮大，采用社会募集股份、发行股票、新股东投资入股等方式，增加企业注册资本，增加的部分由新股东认购或新老股东共同认购，以此增加主体企业所需的资金。

1.增资扩股融资的类型

根据扩充股权的价格与股权原有账面价格的关系，增资扩股融资的类型可以分为溢价扩股和平价扩股两种。

（1）溢价扩股

溢价增资，即新进公司的股东需要在每一股中多投入超过原价的资金，才能享受公司股东权益。

溢价增资虽然使得原股东的股权稀释了，但老股东依然享有超过原价认购的股权，所以老股东的权益实际上是增大了。而且溢价越大，老股东享有的权益则越多。

另外，如果公司估值很低，净资产低于注册资本，处于亏损状态，此时用溢价增资扩股的方式来融资的话，新股东就会有更大的投资风险，因为他们高价购买了亏损企业。这对于老股东来讲却是利好的。

（2）平价扩股

平价扩股，即新股东按原价在每股中投入资金，就可以享有公司股东权益。

如果主体公司本身估值很高，此时还采用平价增资扩股的方式融资，那么对于老股东来讲是吃亏的。因为同样的投资金额，老股东的股份却被稀释了很多，新股东所占股份远高于老股东。这对于老股东是不够友好的。

2.增资扩股融资的特点

增资扩股与股权出让十分相似，具有以下特点：

（1）增资扩股所筹集的资金属于自有资本，与借来的资本相比，更能提高主体公司的资信和借款能力，而且对扩大主体公司的经营规模和实力大有裨益。

（2）不仅可以筹集现金，而且还可以以实物的形式，如工业产权、土地使用权、设备等，吸收投资。这种融资方式灵活性很强，对于主体公司而言，能更快地形成生产经营能力。

（3）投资者一般会要求获得相应的经营管理权，以此作为投资回报之一。

3.增资扩股融资的操作

（1）上市公司

上市公司做增资扩股融资，主要是向社会公开发行新股票，包括向原股东配售股票（称作“配股”）、面向全体社会公众发售股票（称作“增发”）。

《中华人民共和国公司法》和《中华人民共和国证券法》对上市公司的增资扩股做了相关规定，如上市公司需满足3年内持续盈利、财务文件无虚假记载等才能进行增资扩股；募集资金必须按照招股说明书中的资金用途来使用。

（2）非上市公司

非上市的中小企业借助增资扩股融资的方式筹集资金，实际上就是吸收投资者的现金或厂房、机器设备以及无形资产等，以此扩大资金来源。

在采用增资扩股融资方式时，一定要注意相关法律法规的规定，保证操作程序的合法性，保证融得资金的合法性。

另外，公司在进行增资扩股融资时，会带来股权结构的变动，由此可能出现原股东在利益上出现分歧的情况。那些看好公司发展前景，对公司有投资意向的股东可以趁增资扩股的机会获得公司的控制权，而那些想要退出的股东则会趁这个机会脱身。

做增资扩股融资，最佳时机有以下几个：

①公司快速成长阶段进行。这个时候，公司发展速度较快，需要的资金较多。

②股权出让之后进行。公司做股权出让，新的控股股东就会接管公司。这个时候，新股东为了扩大生产，加快公司发展步伐，会和其他股东协商做增资扩股融资。如果公司的股权出让做得比较成功，公司的重组也进行得比较顺利，那么公司就会被投资人所看好。这时也是做增资扩股融资的好时机。

股权质押

股权质押融资，是指公司股东作为出质人，将其所持有的股权作为质押物，质押给银行或其他金融机构等质权人，以此获取贷款的融资方式。股权质押融资会约定在未来的一定期限内返还资金，解除质押。

1.股权质押融资的类型

（1）中小企业股权质押融资

股权质押融资尤其对中小企业十分利好，有了股权的担保，中小企业的融资机会则大幅提升，而且还可以节约一定的融资成本。

产权交易市场作为适合中小企业发展的一级资本市场，对于中小企业开展质押融资有很大的帮助。此外政府的相关政策，对中小企业进行股权质押融资给予极大的支持，及时解决了中小企业资金不足的问题。

（2）上市公司股权质押融资

上市公司的股权质押融资方式有三种：

①证券公司股票质押融资。

证券公司股票质押融资，是指证券公司用自营股票、证券投资基金券、上市公司可转换债券作质押，从商业银行获得资金。现行模式站在控制银行风险的立场上，不但设定了质押率的上线、警戒线和平仓线，而且还规定在质押期内出质的股票不能自由流动。这就有效降低了股东“变相套现”和“掏空公司”的风险，也有效降低了投资者可能遇到的风险。

②个人股票质押融资。

个人股票质押，是指个人股票持有者将其持有的股票、证券投资基金券、上市公司可转换债券做质押。个人股票质押融资模式充分发挥了银行和券商的比较优势，使得个人更加便捷地获得所需资金。

③上市公司大股东股权质押融资。

大股东所持有的上市公司的股权可以用来抵债或做质押，因此上市公司的大股东将其所持有的股权质押给债权人，以此获得资金，满足大股东的融资需求，即实现上市公司大股东股权质押融资。

2.股权质押融资的特点

股权质押融资的特点包含以下几个方面：

①股权质押融资后，股东出质所持股权，质权人只能行使与财产相关的权利，如收益权，而对于公司的重大决策等与财产权无关的权利，依然由出质股东行使。

②股权质押融资，实际上是拿股东的股权做担保来借款的一种融资方式。这种融资方式，对那些有融资需求的企业有较强的优越性。

3.股权质押融资的操作

第一步，股权出质的公司召开董事会或股东大会，对股权质押作出决议。

第二步，股权出质公司向出资人提供相关材料，包括：

①股权质押融资申请书。

②公司上一季度末的财务报表。

③公司上一个会计年度的资产评估报告。

④出具公司同意质押融资的证明，即董事会或股东会一致通过的质押决议。

第三步，股权质押融资的出质人和质权人双方以书面形式签订融资合同、股权质押合同。股权质押合同可以单独订立，也可以作为担保条款写入融资合同中。

第四步，在股权质押合同签订之日起15天内，签订合同的当事人需到工商管理机关办理股权出质登记。

第五步，根据融资合同和《股权质押登记证明书》办理融资。

第六步，根据中国人民银行的相关规定，确定股权质押融资的利率、期限。

案例15　某高科技公司：做股权质押融资

某公司是从事芯片研发的高科技公司，其注册资金是10000万元，为了进一步加大芯片研发力度，因此需要对外进行融资。由于其属于轻资产公司，缺乏高附加值的实物资产，所以在做融资的过程中，没有实物抵押，导致融资一直没有成功。

2020年11月，某省产权交易所与某创业投资公司联手，以该高科技公司第一大股东的95%（950万元）的股权作为质押物，成功为该高科技公司融资600万元。

2021年3月，该芯片研发公司的主要股东发生变故，股权结构、控股人发生变化。产权交易所配合该芯片研发公司，对其在2020年11月质押的股权解除冻结。在完成股权调整后，该公司又重新办理了股权质押。如今，该公司在芯片领域发展得风生水起。

【案例点评】

该芯片研发公司在转变思路后，在没有高附加值的实物资产的情况下，第一大股东愿意拿出自己的股权，用股权质押的方式融资，为整个公司赢得了持续生存和发展的驱动力——公司运作资金。这充分体现了第一大股东的个人魄力和远见卓识。

另外，本案例也充分说明，产权交易所开展的股权质押业务具有较强的优越性，不但能促进股权流动，还能有效进行股权风险防范。

私募股权

私募股权融资简称“PE”，是通过将公司股权定向引入累计不超过200人的特定投资者，以满足公司获得所需资金的需求。近年来，私募股权融资已经是非上市公司常用的有效融资方式之一。

1.私募股权融资的类型

私募股权融资按投资者分类，可以分为金融投资者私募股权融资和战略投资者私募股权融资两大类，二者各具利弊。

（1）金融投资者私募股权融资

金融投资者，即只对主体公司做金融投资，只给予主体公司资金支持，不参与主体公司其他方面的工作。金融投资者可以是个人也可以是企业，其更加注重的是快速获取短期回报。

（2）战略投资者私募股权融资

战略投资者是与引资企业的业务方向相同或相关行业的企业。如果引资企业希望在降低融资风险的同时，还能获得投资者在管理或技术上的支持和帮助，那么相同或相关行业的投资者是最好的选择。战略投资者与金融投资者相比，其投资期限更长，因为它更加注重的是公司的长远发展。

但需要注意的是，选择战略投资者是存在一定风险和弊端的。

①战略投资者很可能会成为主体公司的潜在竞争者。

②战略投资者还可能在投资条款中设置公司出售的是优先购买权以及其他条款，用于保护自己的利益。

③战略投资者会介入公司的经营管理，这样可能会增加双方在合作过程中的磨合难度。

所以，引资企业在选择私募股权融资对象和类型时，一定要根据自己的投资需求，明确投资方的真实意图，以达到与投资者长期合作的目的。

2.私募股权融资的特点

私募股权融资的特点如下：

①融资手续比较简便，而且企业一般不需要抵押和担保就能获得所需资金。

②私募股权的投资者，不但为主体公司融资，还在所投资企业的经营管理上表现出极强的积极主动性，为企业提供经营、人事方面的帮助。与此同时，投资人还帮助企业营造良好的内部投资者机制，为企业做发展战略指导，在企业快速成长的路上付出很多，是主体公司的良好合作伙伴。

③借助所融资金，企业可以快速扩大生产规模，提升生产效率，提升品牌形象和内在价值，从而获得更多外部投资人的支持，形成一个良性循环体系。

3.私募股权融资的操作

（1）准备阶段

不打无准备之仗。在做私募股权融资之前，首先公司要做好各项准备工作，包括以下几方面：

①引资企业准备专业的私募股权融资材料，包括私募股权融资备忘录，涵盖公司简介、结构、产品、业务、市场分析等；历史财务数据；财务预测等。

②引资企业与投资者共同为引资企业设立一个目标估值，即引资企业愿意出多少股份换多少资金。

③根据投资者所在行业的声誉、前景、出资能力等，筛选出几家最合适的投资者。

（2）选投资者阶段

在实战阶段，引资企业要做的主要有以下几点：

第一步，安排参与私募股权融资的投资者和引资公司老板面对面会谈，并对会谈内容做记录和总结。

第二步，安排投资人去公司做实地调查，并有投行全程陪同，以便投资者的所有问题都能被解答。

第三步，向投资者发出一份初步的投资意向合同，最好是形成相当于拍卖形式的竞价，以便为企业获得更好的融资资金。

第四步，投行会和公司老板一起与投资者谈判，以便争取到更多的投资资金和更加优越的条款。

第五步，选定最佳投资者，并签订投资意向书。

（3）签署阶段

在签署阶段，引资企业需要做的主要有以下几点：

第一步，尽职调查，即对公司财务、律师、经营等方面进行调查和分析，确保这些资料的准确性，并能充分反映引资企业的积极信息。

第二步，签署融资合同，并在签署合同后的15个工作日资金到达引资企业账户。

股权融资常用工具

企业的发展需要股权融资获得的资金支持。在所需资金的帮助下，能够解决企业的资金难题，同时也使得企业利用充裕的资金而快速发展，占领行业的制高点。做股权融资的工具有很多，选择适合自己的股权融资工具才能成功获得所需资金。

普通股

普通股是一种最普遍和最常见的股票类型。普通股的持有者享有对公司经营的参与权、盈余分配权和资产分配权、优先认股权等。

1.普通股融资的特点

①普通股筹资，没有届满日期，因此所筹得的资本是公司的永久性资本，除非公司做清算才需要偿还。

②引资企业不用支付固定利息。

③持有普通股的投资者，在完成出资义务后，通常需要承担盈利不确定而带来的风险，其面临的风险和获得的收益变动幅度比较大。

2.普通股融资的优缺点

（1）优点

①融得的资金具有较强的稳定性。普通股是融资公司资本中最稳定的资金来源，它保证了公司最低的资金需求，促进了公司的持续稳定发展。

②筹得的资金数额较大。

③融资限制性较少。

（2）缺点

①普股通股融资成本较高。

②可能会分散公司的控制权。

③融资所需时间比较长，可能无法满足企业对融资的迫切需求。

3.普通股融资的适用情况

企业出于以下考虑才会选择普通股融资：

（1）企业需要稳定的经营资金

普通股融资本质上是扩大公司股本，引入的资金是公司的股本资金，是可以供企业永久性经营使用的。所以，当公司需要稳定的经营资金时，普通股融资是最好的选择。

（2）企业需要掌握现金分配的自主权

普通股融资不需要引资企业支付固定利息，这样引资企业能够根据经营需要，对得到的利润自行安排。另外，普通股融资不需要还本付息，所以引资企业的现金流压力会相对小很多。

（3）企业需要掌握经营自主权

用普通股融资，可以使得引资企业不受出资者和优先股股东对公司经营所施加的各种限制，使得引资企业能够享有自主经营权。

优先股

优先股融资，即引资企业以给投资者优先股的方式换来相应的资金。持有股权的股东有优先于普通股东进行分红和资产清偿的权利，股息通常是事先商定的，但投资人持股后对公司没有经营参与权、投票权、选举权和被选举权。

1.优先股融资的分类

①根据是否要求公司在以后年度补发当年未足额发放股利，优先股融资可以分为累积优先股和非累积优先股。

· 累积优先股：

当公司在当年未能足额支付优先股股息时，次年则将所欠股息予以补足；如果在几年后依然不能补足的，则应当将历年所欠的股息一并全部补足，之后才能向普通股股东分配股息。

· 非累积优先股：

非累积优先股，即所有的股息分配，都限定在当年支付。如果公司在当下未能足额支付股息，在未来也不需要向优先股股东进行补偿。这样，即便在收益足以保证派发的好年景之下，公司依然可以滞付股息，使得这部分省下来的钱成为普通股股东的额外收益。

②根据除既定股息外，能否与普通股一起参与利润分配，优先股融资可以分为参与优先股和非参与优先股。

· 参与优先股：

参与优先股是指当企业的利润增加的时候，股东不但享有既定的股息，还可以与普通股东共同参与利润分配的优先股。参与优先股又可以进一步分为全部参与优先股和部分参与优先股。

全部参与优先股，即持有优先股的股东与普通股东一起等额分享当期的盈余，其收益无上限。

部分参与优先股，即持有优先股的股东在一定额度内与普通股东一起分享本期的盈余，但其收益有上限。

· 非参与优先股：

非参与优先股，即优先股的持有者只能获取一定股息，但不能享有公司额外分红。

2.优先股融资的优缺点

（1）优点

①借助优先股融资，对于主体公司来讲，不必偿付法定债务，所以如果遇到主体公司财务状况恶化的情况时，可以不付股息，从而有效减轻了主体公司的财务负担。

②由于优先股也没有规定最终到期日，其本质上也是一种永续性借款，优先股的收回由企业决定，具有较强的灵活性。

③从投资者的角度来看，优先股属于公司股本，能够巩固公司的财务状况，因此带来的财务风险较小。

（2）缺点

①优先股的股息不能抵冲税前利润，因此使得优先股融资的成本较高。

②股份容易被恶意收购，从而引起主体公司控制权发生变化。

③虽然主体公司可以不按规定支付股息，但这会影响主体公司的形象，这对普通股东会产生不利影响。

3.优先股融资的适用情况

企业在什么情况下会选择普通股融资呢？主要有以下几种情形：

（1）处于非常时期急需解决资金短缺问题时

优先股的持有者不受主体公司盈利的影响，只是按照事先约定的股息率收取股息，因此优先股被视为无期限永久债券。对于那些处于非常时期，存在严重资金短缺情况的主体公司来讲，进行优先股融资，可以消除偿还本金的压力，只要公司净资产收益率高于优先股股息，公司的普通股股东收益就会有所增加。因此，优先股融资对于处于非常时期的企业来讲，是十分利好的。

另外，投资人持有优先股后可以根据相关附加条款的规定，要求主体公司回购其持有的优先股，或将优先股转换成普通股。主体公司方面，也可以利用赎回条款，赎回股息较高的优先股，然后再发行成本较低的优先股。这对于主体公司来讲，借助复交条款，可以帮助其获得更多的金融创新余地。

（2）需要调整股权结构时

当企业面临股市低迷、资产负债率较高的情况时，急需筹集资金来渡过眼前难关。而且在发行普通股其控股权不高的情况下，公司会担心控制权的丧失。此时，采用优先股融资则是比较理想的融资渠道。因为优先股不参与公司决策与管理，只是构成股权的一部分，因而优先股可以调整公司股权资本的结构。

（3）需要完善公司治理结构时

一个公司要想成为市场中的常青树，就必须建立良好的公司治理结构。在市场中，那些国家占股较大的公司容易形成一股独大的局面。此时，这样的公司想要降低国有股是非常不现实的，唯一的办法就是要吸收更多的社会股。可以将部分国有股转换为优先股，减少国有股对主体公司日常经营管理的干预。

这样，股权多元化，真正建立了良好的公司治理结构。

可转换债券

可转换债券，是指债券持有人按照发行时约定的价格，可以转换成公司普通股票的债券。

可转换债券融资，即借助可转换债券换取投资人资金。

1.可转换债券融资的特点

①可转换债券有债权和期权的双重属性。投资人在持有可转换债券后，可以选择持有债券到期获取公司的还本付息，也可以选择在约定时间内转换成股票，享受股息分红或资本增值。

②实现债券到股权的自由转换。投资人可以选择是否转股，如果转股，则投资人按照发行时约定的价格将债券转换为公司的普通股；如果投资人不想转换，则继续持有债券，直到偿还期满时收回本金和利息，或者在流通市场将债券出售。对于公司而言，投资人将债券转为股票，公司不得以任何理由拒绝。

2.可转换债券融资的优缺点

（1）优点

①由于可转换债券的票面利率比债券低，再加上债务利息所特有的“税盾”作用，使得主体公司能够实现低成本融资，而且在保证公司获得发展所需资金支持的同时，也减轻了公司的现金流压力。

②可转换债券融资涉及公司股本规模的扩张，而股本扩张几乎意味着股价下跌。但这种扩张是一个渐进的过程，在一定程度上缓解了对公司股票价格的冲击力量。

（2）缺点

①可转换债券在转换成股票之前，是债券。转换成股票之后，债券持有人就从原来的债权人变为了公司股东，可以参与公司的经营决策和红利分配。这在一定程度上使得公司的股权结构发生了变化。

②如果转股失败，公司会面临巨大的“还本付息”压力。

3.可转换债券融资的适用情况

同样，当企业面临股市低迷、银行利率较高的情况时，社会资金会进入一种紧张状态。如果从股市筹资，由于股票市价较低，公司新股发行价也会因此而比较低，那么从股市筹集的资金量也就相对较少。如果利用发行可转换债券进行融资，则更容易被市场认同和接受，这样公司的融资计划也更容易实现。而且这对于那些因股市低迷而一直处于观望状态的公司，则为其提供了一种相对安全、收益较高的投资渠道，因此在这种情况下公司最适合利用可转换债券进行融资。

可交换债券

可交换债券，是指上市公司股份的持有者，将其所持股票抵押给托管机构进而发行的公司债券。可交换债券的持有者在将来的某个时期内，可以按照债券发行时约定的条件，用所持债券换取发债人抵押的上市公司股权。可交换债券是一种内嵌期权的金融衍生品，属于可转换债券的一种。

1.可交换债券融资的特点

①对于债券发行公司来讲，是一种低利率、低成本的融资工具。

②可以成为融资主体公司降低其持有上市公司国有股比例的有效工具。

2.可交换债券融资的优缺点

（1）优点

①通常，可交换债券的转股价均高于当前市场价格，因此可交换债券实际上为发行人提供了溢价减持此公司股票的机会。

②由于可交换债券含有股票期权，对于主体公司来讲，还本压力较普通债券减少很多，在债券当期时，一般不影响主体公司的现金流状况，可以有效降低债券发行公司的财务风险。

（2）缺点

①设计可交换债券发行方案的过程比较复杂，对投资者提出了更高的要求，需要其具有更为专业的投资技巧。

②股票发行者的股东权益，会因为可交换债券融资而受到一定的影响。

3.可交换债券融资的适用情况

可交换债券进行融资，适合那些持有关联上市公司一定比例股票的企业；适合那些成长前景较好，规模较小，有较大金额融资需求的公司；适合那些当前尚未实行股权分置改革的部分上市公司的母公司。

股权融资估值计算方法

做股权融资，投资人关心的是能够给自己带来多少回报；公司关心的是能融得多少资金。股权融资的过程中，股权估值是必不可少的环节。做一次股权融资，能够给投资者带来多少回报，能为公司换得多少资金，需要掌握一定的股权融资估值计算方法，根据相应的资本市场价格来对股权进行估值。

可比公司法

可比公司法也称为“相对价值法”，即挑选与非上市公司处于同一行业，且具有可比性或可参照的上市公司，以这些上市公司的股价与财务数据为依据，计算出主要财务比率，然后将这个比率作为市场价格乘数，以此推断引资公司的价值。这个方法可以直接得到引资企业股权估值的结论。

需要注意的是，寻找的可参照、具有可比性的上市公司，一定要与实际引资公司的商业模式类似，而且最好两者在规模大小、负债比率、财务状况等方面比较类似。这样才具有可参考的价值。

可比公司法通常有以下几种方法：

1.市盈率（P/E）

市盈率简称P/E，或PER，也称作股价收益比率。市盈率=股票价格 ÷ 每股收益。

其中，股票价格是某日每股的市场价格。在每股收益一定的情况下，股票价格越高，市盈率越大，说明市场对其增长预期越高，这样企业估值也就越高。

需要注意的是，人们常谈的市盈率，通常是指静态市盈率，主要是作为一种指标，用来比较不同价格的股票是否被高估或低估。

如果一家公司股票的市盈率过高，那就意味着该股票的价格具有泡沫，其价值被高估了；反之则被低估了。当一家公司增长速度以及未来业绩增长具有非常好的前景时，就会采用市盈率的方法，拿这家公司与同属一个行业的公司的每股收益进行比较，这样比较才更有效。

2.市销率（P/S）

市销率简称“P/S”。市销率=股权价格÷每股销售额。

没有销售，就没有收益。市销率估值法主要用于创业板企业或高科技企业，该指标主要是考察公司收益的稳定性和可靠性。处于成熟期的企业，往往使用市盈率来估值，而那些高速成长的企业，则使用市销率的方法估值更具可靠性。

需要注意的是，市销率不会出现负值。对于那些处于亏损状态或资不抵债的企业，可以借助市盈率计算出一个有意义的价值乘数。另外，借助市销率进行公司对比，只能用于同行业对比，不同行业的公司做市销率对比毫无意义。

3.市账率（P/B）

市账率简称“P/B”，也称作市净率。市账率=股权价格÷账面价值。

其中，某日每股的市场价格高于账面价值时，企业的资产质量较好，有较好的发展潜力；反之，则资产质量差，没有发展前景。

在计算市账率来对公司进行估值的时候，需要考虑公司净资产是否存在重大进出的情况。如果有，则需要剔除净资产，以保证企业经营性资产结构的真实性。

可比交易法

可比交易法，是指挑选出与初创公司同行业，且做过融资、并购的公司，然后以其融资或并购交易的定价作为参考，从中获得有用的财务或非财务数据。通过相应的公式计算出相应的数值，根据该数值评估目标公司的估值。

比如，在汽车制造领域，A公司刚刚做了股权融资，B公司同样是汽车制造领域的一家公司，在经营规模上比A公司大一倍，那么投资人在对B公司进行估值的时候，也应当在A公司估值的基础上增加一倍左右。

可比交易估值法主要考虑控制权的溢价对股权估值价格的影响，更加适用于拟收购公司的估值。可比交易估值法，其基本前提是要找到近期类似的公司交易。

现金流折现

现金流是一个公司盈利能力高低的表现。现金流折现估值则是股权估值的另一种重要方法。现金流折现估值法，即通过预测公司未来自由现金流，并按照一定的折现率计算出公司未来自由现金流、资本成本在目前的价值，即现值。公司股票发行价格即为未来现金流的现值。

有这样一个公式：$PV=C\div(1+r)t$。其中，PV是现值，C是期末金额，r是折现率，t是投资期数。

折现率并不是利率，而是指未来特定条件下的收益率，代表了资产取得该项收益的收益率水平。

为了更好地理解这一点，我们举个简单的例子。

假如今年你准备要休为期一周的假期，但你的老板会因为今年公司业务繁忙而要求你把假期延迟一年，你会向你的老板要求追加一些天数作为延迟的补偿。比如，你今年的5天年假，可以在明年休6天，即多休息一天，那么你的休假折现率就是（6–5）÷5=20%。如果你认为再加一天老板也会同意，那么你可以要求明年休今年的年假时增加2天，这样你的休假折现率就是（7–5）÷5=40%。

由此可见，投资者往往会以一个很低的折现率来折现那些盈利稳定的公司的未来现金流，因为他们相信那些公司未来现金流出现风险的可能性很低。可以说，折现率是处理预测风险最有效的方法。尤其是那些初创公司，它们的预测现金流存在很大的不确定性，所以其折现率要比那些处于发展成熟阶段的公司的折现率高很多。

现金流折现估值，更加适合那些现金流可预测度较高的行业，如公用事业领域等。但对于现金流波动频繁、不稳定的行业，如科技公司，现金流折现估值所获结果的准确性就会有所降低。

在实际应用过程中，想要对未来十几年现金流做准确预测，难度较大。所以，很少单独使用现金流折现的方式做股权估值，使用更多的则是相对估值法，如市盈率。

现金流折现法常被认为是一种保守的股权估值方法，其估值结果会作为目标价的底线。

资产基础法

资产基础法，是指对目标公司的索引资产、负债等进行逐一估值的方法。

该方法认为，公司的股权价值等于资产的价值与债务价值的差。总结成一个公式就是：股权价值=资产价值-债务价值。

由于资产基础法估值并不考虑公司未来的成长性，所以其估值结果一般是最低的。该种估值方法更加适用于那些不能永续经营的公司。除此以外，还适合于那些处于以下情况的公司。

①公司所创造的利润极少，未来基本上不会有好的发展前景。

②拥有大量有形短期资产，账面价值和市场价值非常接近的公司。

③自然资源公司，这种公司往往拥有大量黄金储备，可以直接计算出资产的市场价值。

④早期发展规模较小的公司，由于无法预测现金流，所以更适合使用资产基础法做股权预算。

股权融资关键条款

在做股权融资的过程中，需要签订正式的“投资协议”，此时投资人和引资公司借助各种条款降低融资风险和实现自身利益最大化，必不可少。

公司治理条款

在投资人作为新的股东进入公司后，即便不追求对公司的控制权，但也会为了维护自身根本利益，而关心自己的相关权益是否得到了应有的保障，如参与公司经营和治理工作、占有董事会席位、拥有相关知情权等。

作为引资公司，同样会为了自己的利益，而与投资人签订相应的公司治理条款。条款中的内容应当包含以下几方面的内容：

1.股东会

对于股东会来讲，设置相关条款，应当包括以下内容：

①表决权比例的设定至关重要，可以针对不同的事项设定不同的表决比例。

②设置股东会的权限范围，以及股东会召开方式等。

如果这些方面没有做好相应的条款约束，就很容易出现股东纠纷，甚至出现小股东欺负大股东的局面。

2.董事会

虽然公司治理更多强调的是以股东会为中心，而不是以董事会为中心，但董事会席位依然值得重视。《公司法》中将公司的经营计划和投资方案的决定、内部机构的设置、基本制度的制定等相关事务的职权，都赋予了董事会，可见董事会的重要性。

在设置董事会方面的相关条款时，应当包含以下几个方面：

①董事会的构成。

②董事及董事长如何委派。

③董事会的召开和董事召集方式。

④对于不同事项，董事会的权限范围。

反稀释条款

如果一家公司在成长过程中经历了多轮融资，并在资金的助力下发展得顺风顺水，那么公司的估值会随着每一轮融资而不断攀升。这样的融资叫作“溢价融资”。相反，如果这家公司在本次融资后，公司发展还没有上轮融资后的情况好，那么公司进行下一轮融资的估值就会有所降低。这样的融资叫作“折价融资”。

折价融资对于投资人而言，显然是极为不利的。面对折价融资的情形，投资人应当在融资交易文件中加上“反稀释条款”。

反稀释条款，也称作反股权摊薄协议，是优先股协议中的一个条款。反稀释条款，指的是在引资公司进行后续融资的时候，股票发行的价格低于之前融资股票发行价格时，投资者有权免费获得一定数量的新股或调整其股权转换比例，以此保证其入股成本降低到与新发行股票价格相当的水平。它既能让公司实现融资，又能保护投资人的股份不会贬值。可以说反稀释条款是一种保护性条款。

估值调整条款

在做股权融资的过程中，投资人和引资公司对于公司股权的估值站在截然相反的立场上。引资公司希望估值尽可能高些，以较少的股权换得较多的资金；投资人则希望估值尽可能低些，以较少的投资换来较多的股权，最终获得更多的投资回报。

但对于公司股权估值，往往因为缺乏可供估值的精准、确定的数据，所以导致做股权估值可能会存在一定的异议。只有投融资双方对估值达成一致，融资才能加速推进。引入估值调整条款，有助于双方对估值快速达成一致看法。

在设置估值调整条款时，需要从以下几方面着手商讨：

1.触发条件

在什么情况下对股权估值做调整呢？换句话说，什么触发条件下才对股权估值做调整呢？这个触发条件是双方都应当考虑的问题。通常，在设置触发条件时，要紧扣本次融资中的估值基础和逻辑。这两方面主要源自公司商业计划书或融资建议书中所描绘的未来愿景、预期业绩等。因此，估值调整机制的触发条件应当从两方面入手。

（1）财务性业绩指标

财务性业绩指标，通常包括净利润金额、利润增长率、营业收入金额、收入增长率等。为了避免融资双方对于是否达到触发条件而引发争议，一般会由双方事先指定的会计对公司业绩做审计，以审计结果作为是否达标依据。

（2）经营性业绩指标

经营性业绩指标，包括用户数量、访问量、成交量、产量等相关数据的增长率，以及其他对投资人预测融资公司未来发展趋势的业绩指标。

2.调整方式和幅度

调整方式通常用到的补偿方式包括：现金补偿、股权补偿，或者二者兼具。

具体计算补偿金额时，会借助相应的公式来计算。

当公司未得到承诺净利润时，应补偿给投资人的金额=（1-当年净利润÷当年承诺净利润）×实际投资额。

当公司达到了承诺净利润时，投资人应追加的投资金额=（当年实际净利润-当年承诺净利润）×一定百分比。

3.调整方向

股权估值调整机制，既可以因为公司业绩未达标而向下调整公司估值，也可能因为公司业绩超过既定目标而向上调整估值。具体在商谈过程中，可以根据投融资双方的谈判地位和情势，设计合理公平的单项或双向调整机制。

所谓“单项调整机制”，即公司业绩未达标时，由融资方向投资人做补偿。

所谓“双向调整机制”，即公司业绩未达标时，由融资方向投资人做补偿；在公司业绩超标时，由投资人向融资方做补偿。

共同出售权条款

共同出售权，是指公司创始人或其他股东可以对外转让或出售股份，作为持有公司股份的投资人，同样有权以相同的价格和条件出售公司的股份。

之所以设置共同出售权条款，是因为当创始人对外转让股权时，可能意味着创始人要退出公司，这会对公司的发展带来极大的影响，甚至会使得公司毫无投资价值。因此，通过共同出售权条款将投资人与公司创始人绑定，可以保证投资人在创始人做股权转让的时候自己也能随之转让股权，保证自身利益不受损害的同时，能提高顺利退出的可能性和活力程度。当然，在融资公司被投资人收购并取得控制权时，借助该条款也可以保护失去控制权的创始人股东的权益不受损害。

具体在设置共同出售权条款时，需要附带相应的行权保障条款，主要有三个方面：

①投资人要求创始人必须在做股权转让的同时，允许投资人转让股权，否则创始人不得转让股权。

②如果创始人向受让方转让了股权，但未受让投资人的股权，那么创始人应当以相同的价格购买投资人所持的融资公司的股权。

③创始人和投资人行使该条款时，双方应承担连带保证担保。

清算优先权条款

清算优先权条款是企业在融资过程中签署风投协议必须了解的条款。

清算优先权，是指资金在清算后，如何优先分配给持有特定股份的股东，然后再分配给其他股东。换句话说，清算优先权条款要解决的问题是，当融资公司出现破产或被收购的时候，在公司偿还完债务之后，剩余资产如何分配的问题。

例如，某公司在完成A轮融资之后，规定A轮投资人，即A系列优先股股东在普通股股东之前获得多少回报。同理，在后续进行B轮、C轮、D轮融资过程中发行的优先股（B、C、D系列股）优先于A轮系列和普通股。也就是说，投资人要早于公司创始人收回他们的资金。

需要注意的是，在风投协议中的清算优先权并不是《公司法》中的清算，而是指融资公司“资产变现事件”的情形，包括合并、被收购，或公司控制权变更等情形。

1.清算优先权触发条件

在什么情况下才可以行使清算优先权呢？其触发条件是什么呢？

公司在进行合并、被收购、出售控股权、出售主要资产时，公司现有股东占有公司发行股份的比例不高于50%的情况下，就可以被视为发生了清算事件。

2.清算优先权的类型

清算优先权有三种：不参与分配优先清算权、完全参与分配优先清算权和附上限参与分配优先清算权。

（1）不参与分配优先清算权

不参与分配优先清算权，即在公司清算时，投资人有权享有优先于普通股东获得每股*N*倍于原始股购买价格的回报。

投资人获得清算回报的计算方法有三种：

①当公司的清算价值低于优先清算回报，投资人则拿走全部清算资金。

②当投资人按照股份比例所获得的公司清算价值高于优先清算回报时，投资人将优先股转换成普通股，然后按普通股比例与普通股股东分配公司剩余的清算资金。

③当公司的清算价值介于上述两种情况之间时，投资人则可以拿走约定的优先清算回报。

（2）完全参与分配优先清算权

简单来说，完全参与分配优先清算权就是完全参与分配权的股份，在获得清算优先权的回报之后，还要跟普通股按比例分配剩余的清算资金。

完全参与分配优先清算权的计算方式有两种：

①当公司的清算价值低于优先清算回报时，投资人则可以拿走全部清算资金。

②当公司的清算价值高于优先清算回报时，投资人和普通股股东按不全比例分配剩余的清算资金。

（3）附上限参与分配优先清算权

附上限参与分配优先清算权，即优先股按比例参与分配剩余清算资金，直到一定的回报上限为止。

附上限参与分配优先清算权的三种计算方式如下：

①当公司的清算价值低于优先清算回报时，投资人可以拿走全部清算资金。

②当公司的清算价值高于优先清算回报时，投资人和普通股东按不全比例分配剩余的清算资金。

③当公司的清算价值介于上述两种情况之间时，投资人拿走约定的优先清算回报之后，再将其优先股转换为普通股，与普通股一起按照分配比例分走剩余的清算价值。但如果分配的有限清算回报达到约定的上限时，投资人就不能继续分配剩余的清算价值。

第七章

计划与步骤：股权融资落地流程

股权融资对于企业来讲，是从其出生到长大的全过程都要经历的事情，只有足够的资金，才能撬动整个企业的持续发展和腾飞。但民营企业，尤其是中小微企业，在融资的路上实为不易。除了明确各种融资方法和熟知各种融资条款等之外，还需要掌握股权融资落地的流程，才能让股权融资更加顺畅。

打动投资人的股权融资计划书撰写流程

做股权融资，首先要学会写股权融资计划书。投资人每天都要看不知多少份股权融资计划书，如果拟的计划书体量很大，投资人大概翻一下，就会心里发怵，甚至直接不看你的计划书内容。这样即便你的公司有很大的融资优势，也会因此而错失商机。

股权融资计划书，是公司融资的敲门砖。一份好的股权融资计划书，往往会重点明确，能够干脆利落地展现出公司的优势，让投资人在最短的时间、以最快的速度了解你的项目，对你的项目产生兴趣。事实上，投资人真正想知道的是你公司的真实情况，以此确定给你的公司做投资是否投有所值。能够撰写出让人眼前一亮的股权融资计划书，公司做股权融资也就成功了一半。那么如何才能写出打动投资者的股权融资计划书呢？借助以下撰写流程，必将事半功倍。

我们是谁：公司、团队、组织结构介绍

我们在做自我介绍的时候，首先通过名字、职业等让对方知道“我是谁”。同样，在撰写股权融资计划书的时候，也需要向投资方做自我介绍，让投资方知道“我们是谁”。介绍“我们是谁”时，需要注意三个方面。

1.公司简介

（1）公司名称

报上自己的名号，才能让对方知道你是谁。需要注意的是，在报名号的时候，一定要用公司名称的全名，而不是简称，比如“小米科技有限责任公司”，而不是“小米”。

（2）公司宗旨

公司宗旨主要阐述公司目前和未来要从事的经营业务范围和公司使命。

2.团队简介

让人眼前一亮的团队简介，对于获得融资大有裨益。那么在制作团队介绍PPT时，如何做团队介绍呢？

（1）内容展示有选择，有取舍

团队介绍，重在强调团队优势，体现公司的组织结构。在内容上，应当以展示个人经验为主，而且应当与公司的发展方向相匹配。

（2）文字表达要简略

介绍团队优势的文字，要尽量简明扼要，重点展示关键词。不要像记流水账一样，太拖沓反而让投资人反感。

（3）图片不要过于随意

虽然说真实性很重要，但不要拿过于随意拍下的团队照片放在PPT中，会给人一种凌乱的感觉。在拍团队合照的时候，一定要既庄重又活泼，这样才能给人氛围感和朝气感。

另外，PPT中团队合照的边框装饰，越简洁越好。

（4）核心成员介绍

核心成员介绍，即对公司项目团队中的核心成员做介绍。在介绍的时候，为了凸显团队核心成员的优势，不要将重点放在核心成员的毕业院校、在校成绩等上面，而是要将其个人优势和经验重点突显出来，如对项目的贡献等。这才是说服投资人最好的方法。

（5）篇幅内容

此篇幅内容不要超过一页PPT。

3.组织架构介绍

在介绍公司的组织架构时，与其用繁琐的文字介绍，不如用一张直观的组织架构图来完整呈现，让投资人看后一目了然。

我们要干什么：项目简介

融资项目简介，就是要对公司计划启动的项目做内容介绍，要让投资人知道“我们要干什么”。换句话说，就是要向投资人表明，你要为社会解决什么样的痛点，解决的问题具体是什么，主要包括如下内容：

1.项目来源

项目来源，即因为遇到了某些让人感到头疼的事情，所以产生了解决痛点问题的想法，而这个想法正是项目的来源。

2.需求分析、问题解决方法

需求分析，即公司做该项目的过程中遇到的相关问题和需求，并找到相关的问题解决方法。

举个简单的例子。比如，一家公司是做线下大型商超生意的，在实际发展过程中发现，很多时候，那些下班回家晚的年轻人，工作一天后太累了，还需要去超市买菜，十分不方便，有时候就干脆直接点个外卖对付一下。这样既对年轻人的身体健康不利，又让这家商超失去了一大批年轻客户。经过细致分析之后，为了解决这两个摆在眼前的现实问题，这家商超决定将业务向社区拓展，做社区电商。除此之外，该商超还计划孵化社区通讯、社区健康、社区金融、社区邮递、社区博彩等多个业务板块，为社区居民的生活带来更多的便利和实惠，增加社区居民的幸福感。

3.行业前景

行业前景，即分析该项目在本行业中是否有发展前景。主要从以下几方面入手进行分析：

（1）发展趋势

项目是否具有可观的发展趋势，是投资人判断项目是否值得投资的关键。一定要分析并细致阐述项目在当下和未来的发展趋势。

（2）消费习惯

有消费才会有盈利。向投资人充分展示当前该项目十分迎合广大消费者的消费习惯，才能吸引投资人的投资兴趣。

（3）政策扶持

对于便民、利民、惠民的一些项目，国家政策会给予大力支持和帮助。

4.竞争对手

分析竞争对手，要从有无行业垄断、竞争者的市场份额、竞争对手优势和劣势等方面进行分析，突出融资项目人无我有、人有我优、人优我特的特点，以此证明该项目在市场中的实力。

5.可行性分析

任何一个项目，无论理论上说得再天花乱坠，最终还是要看是否具有可行性和可操作性，否则对于投资人来讲毫无价值。在做可行性分析的时候，需要涵盖主要任务、时间表、收益预测、操作方式等，对这些内容进行逐一分析，以证明该项目的可行性。

打算怎么做：产品和运营

在告知投资人你要干什么之后，接下来要让投资人明确你打算怎么做，即要阐述你的产品特点和运营方式方法。

1.产品概述和形式

做任何项目，无论实体还是虚拟产品，让投资者看到实实在在的产品更能激起他们的投资欲望。因此，要向投资人着重介绍你的产品的时候，要从产品的经济效益、给消费者带来的好处等方面，让投资人感受到产品的好。

2.运营和营销方案

一个项目，其产品销量的好坏取决于运营方案是否足够优秀。可以列出几种适合自己产品特点的运营和营销方案，如销售渠道方案、售后服务方案、用户维护方案、销售周期计划、销售目标规划等。

有什么打算：发展计划

投资人不仅要看的是你当下有何种计划，还注重你对未来发展的规划，只有从未来发展规划中看到公司的美好未来，才愿意为公司做资金投资。

公司向投资人展示发展规划，需要包括以下几个部分：

1.公司战略目标

每个公司都应当有自己的战略目标，这就好比是一个人要有一个梦想一样，在成长的过程中围绕这个梦想不断前进。公司战略目标反映了公司在一定时期内经营活动的方向和所要达到的水平，比如市场地位、业绩水平、发展速度等。

2.市场拓展计划

市场总是在不断变化和发展中向前推进的，如果一个项目产品的市场总是局限在一个狭小的空间里，那么这个产品是没有发展潜力的。这样的项目也是投资人十分不看好的。向投资人展示你的市场拓展计划，如本地市场拓展、周边市场拓展、细分市场拓展、高端市场拓展等，才能让其感受到你的项目所具有的美好前景。

3.短期盈利计划

对于投资者来讲，他们做投资更加注重的是短期盈利的多寡。给投资者一个短期盈利计划，让他们感知到自己的投资回报可期，他们才愿意为你投资。

4.产品开发计划

产品一味守旧，企业是难以在市场中存活的。产品做迭代、做创新，企业才具有更加美好的发展前景。所以，向投资人展示产品开发计划，也是必不可少的。

花钱与“找钱”：财务和融资

做一个新项目，有投入才会有回报。在获得回报之前，首先需要找到资金，并为项目注入启动资金。

在这一步，融资计划书的内容应当包括以下几点：

1.各项成本预算

你可以要求该项目组，对项目的各项工作写一份成本预算。成本预算应当包括产品研发成本、人力成本、推广费用、办公场地费用等。通过这个过程，可以对系统项目的投资成本进行衡量和管理。

2.预测资金需求量

公司要想筹集资金，首先要对资金需求进行预测。公司应当根据生产经营的需求，对未来所需资金作出估计和推测。这是企业制定融资计划的基础。

做资金需求量预测应当包括销售预测、估计收入和留存收益等，然后根据预计资产总量，减去已有的资金来源、负债等，最终得出的资金需求量即公司本次融资所需资金的数量。

3.融资主要用途

在撰写融资计划书的时候，融资所获资金的主要用途一定要明确。通常所融资金的用途包括项目开发、产品研发与生产、产品推广，以及土地、厂房、设备、人员支出等。

案例16　某科技公司股权融资计划书

某科技公司2018年股权融资计划书[①]

一、公司概况

某科技成立于某某年7月，以某某为名，依托于世界领先的深层次数据优化算法和复杂决策模型的求解能力，致力于为企业在海量数据环境下的复杂问题提供解决方案，利用数据为企业带来收益及成本端的显著变化，真正让每一个企业拥有定制最优化决策的能力。公司创始人为世界知名大学的教授和毕业的博士，此前有着在学界（斯坦福大学、明尼苏达大学、上海财经大学）和业界（BCG中国、黑马创业、谷歌）任职的丰富经验。目前公司已有上海、北京分部，约××人规模。2016年总营收逾××万元，2017年约××万元，

① 案例来源于公众号。

2018年至5月份，已达成意向的合同额约为××万元，全年预期××万元合同额。××年8月，该公司获得了来自真格基金和北极光创投××万美元的天使投资；××年7月完成A轮融资，融资额约××万元，由高达投资领投，将门创投、联想创投跟投。

二、公司愿景

扎根中国，立足人工智能与供应链产业最新科学研究成果的商业化，在B2B服务领域，构建以优化求解器为核心的全面供应链技术服务体系的独角兽企业，推动区域经济转型发展和人工智能、大数据、供应链管理、金融科技行业高地建设的目标。构建求解器为核心、供应链管理为场景的技术体系技术特点上，依托国内真正商业意义上唯一的优化求解器，建立起供应链管理核心环节，如定价、库存、物流、选址、预测等问题的技术解决方案和软件服务体系。以公司为载体，以现有学术及业界资源为抓手，利用公司核心成员的影响力，将国内外前沿专家、学者及年轻技术力量集聚，成为行业龙头。深耕垂直场景，真正让数据驱动的商业智能改变行业，产生深刻影响力深耕对量化决策和优化算法有急迫需求的特定行业，如（新）零售、电商、物流、制造等。通过优化算法为更多行业提供底层技术服务，加速价值变现，成为行业内人工智能独角兽企业。

三、团队介绍（略）

四、核心引擎

某某科技公司拥有世界上首个由华人开发的数学规划求解器及机器学习算法套件，深度结合机器学习、深度学习及述职计算等算法，可直接服务于运筹优化，数学规划，数值计算等更为广泛、复杂的数学问题。其独特性及商业价值如下。

首个由华人开发的求解器，打破欧美垄断。求解器是解决各类复杂优化系统的核心环节，扮演着算法系统中的“芯片”角色，在军事、国计、民生多个领域起着不可替代的底层作用。而目前却由欧美公司垄断市场。目前全球的求解器可以分为两类：一类是商业求解器，其中Cplex（IBM）和Gurobi有着垄断地位。商业类求解器虽然效率很高，但是收费高昂，同时在封装后，用户无法根据自己的问题进行二次开发；另一类是偏科研的开源求解器，知名的有COIN-OR教育基金会开发维护的COIN求解器，以及由德国柏林自由大学ZIB小组开发的SCIP等。开源求解器虽然免费，但是在解决问题的效率上和商业类求解器依然有较大差距。

在整个运筹学流程中，国计、民生、军事多个关键求解问题的核心求解器可以说是重中之重，目前公司已探索以下场景求解器的用途。

· 大规模生产优化问题，是调度规划的核心算法，如所有的航空企业等；

· 华为、上汽的整体生产设计和规划系统；

· 国家电网/南方电网的整体规划调度系统；

· 京东的无人仓调度系统。

五、业务范围

某某科技公司致力于为零售、物流、制造等行业提供全链条技术服务，为企业提供包含排产调度、收益管理、库存优化、选址规划、仓储设计、运输优化等板块的解决方案，其中利用运筹学模型与机器学习将实际问题转化为数学模型求解，解决生产、仓储、配送、销售等一系列业务场景中的优化问题，完成从数据到决策的转化。

六、商业模式

根据目标客户以及技术的标准化程度，杉数目前提供三个层次的解决方案，助力企业长远发展。

· 标准化SAAS产品：针对行业内广泛的需求，大多服务中小型企业，以行业关键指标为收费计价因素，帮助企业解决明晰的运营中的痛点。目前可使用的产品包括PonyPlus运输优化系统以及StockGo库存管理系统。

· 轻量级API模块：针对企业不同业务场景和需求，可为供应链不同环节提供灵活可定制的产品和解决方案，各个API模块都为可拆卸、可组合的轻量级API套组，可快速灵活地适用于不同业务场景，是介于产品和定制化解决方案之间的一种服务模式，以服务加产品收费。

· 定制化算法解决方案：为大型企业的复杂场景准备定制化打包解决方案，为企业内部智能化赋能，主要以服务时长收费。

七、商业实践

创业一年半来，某某科技公司已与多个国内行业标杆企业有了深度合作，其中不乏顺丰、京东这样的行业巨头。

京东：与京东开展了一系列合作，对京东Y事业部（智慧供应链）的建立、智慧定价和智能、补货系统开发、X事业部的无人仓系统提供了非常根本的算法支持。釜山冬奥会闭幕式北京8分钟里出场的京东无人仓系统机器人采用的算法就是杉数和京东的合作成果。

顺丰：通过运筹优化及机器学习技术帮助顺丰进行整个物流网络选址和规模的规划，优化全局网点选址模型，降低成本，提高效率，也与物流和仓储有着深入合作。

此外，与德邦、网易金融、万达、百联、上汽通用等多个企业也展开了定价管理、金融科技、供应链、新零售、工业制造4.0等多个项目。

公司计划2018年进行B轮融资，公司股权战略投资咨询热线：189xxxxxxxx

【案例点评】

该公司的股权融资计划书中的内容，共分为七个部分，分别是公司概况、公司愿景、团队介绍、核心引擎、业务范围、商业模式、商业实践。并且每个部分都做到了语言精简、重点突出。拿最后一个部分——商业实践来说，列举了自身创业一年半的时间里，就与多个国内行业标杆企业有深度合作。然后分别列举了合作的相关重点内容，能与这些行业巨头合作的公司，必定实力不容小觑，能够有效激发投资人的强烈合作欲望。

股权融资的九大步骤与操作策略

股权融资的特点决定了其用途的广泛性，不但可以充实企业的运营资金，而且可以用于企业的投资活动。股权融资对于企业发展的重要性不言而喻。那么如何做股权融资呢？股权融资的流程和操作策略如何呢？

做股权融资，共需要九个步骤。

确定融资目标、时机与原则

在做股权融资之前，一定要明确融资目标、时机与原则。

1.确定融资目标

确定融资目标，就是要明确自己想要什么？如要融资多少？按什么估值融资？投资对象如何选择？花多少钱、多少时间完成融资？有没有特殊要求？一般要求越多，融资难度越大。

2.融资时机的选择

在明确这些问题之后，还需要匹配具体的融资启动时机，才能保证获得最佳的融资效果。

融资时机的选择也是一个十分重要的环节。选择融资时机，应当注意抓住以下几点。

（1）市场中榜上有名

公司最好选择自身在市场中处于良好位置的时候做股权融资。在市场中的位置排名越靠前越好，即便不靠前，也比没有名次强。

（2）业务进展符合估值水平

公司的业务要发展到一定阶段，且保证其发展符合对应的融资阶段和估值水平。

（3）预留充足的融资时间

在做融资之前，一定要保证公司有至少6~9个月的运营资金，不要等公司极度缺乏资金的时候再去融资。因为融资时间通常比较长，短则三个月，长则一年。切记预留足够的融资时间，避免公司资金青黄不接，影响公司发展。

3.融资原则

（1）适用性原则

适用性原则主要是指公司融资决策应当根据融资的种类、数量，决定融资的方式和数量。

一个公司对资金的需求是具有多样化特点的，分为债务需求、股本需求、短期资金需求、长期需求等，应当根据需求选择相应的融资方式和融资量。

（2）安全性原则

安全性是指公司融资决策根据自身负债能力决定融资方式和数量。融资是存在一定风险的，有高有低，要分析各种融资方式所带来的风险，选择最佳融资方式。

（3）可得性原则

可得性原则是指公司做股权融资时，根据融资方式的难易程度选择融资方式和数量。要优先选择那些操作更简便、更容易融得资金的融资方式。

撰写股权融资计划书

撰写股权融资计划书能够帮助公司找到投资方，拥有一份完整的股权融资计划书才能使企业融资成为现实。凡事预则立，不预则废。准备做一次股权融资，可能会面临大量繁杂的工作和各式各样的问题。这个时候就需要一份科学的股权融资计划书。在撰写股权融资计划书时应当注意要点如下：

1.股权融资计划书的长度

投资人每天会翻阅很多公司的股权融资计划书，如果你的计划书内容过长，投资人会因为内容过于冗长而失去继续阅读的欲望。所以一定要对股权融资计划书的长度做好把控。通常PPT或word有20~30页即可。

2.内容精简，突出亮点

很多公司在撰写股权融资计划书的时候，认为写得越详细越好，于是密密麻麻写了很大的篇幅。事实上，计划书就是一份邀请函，投资人不是技术专家，不需要了解相关专业性的东西。这样的内容，对于投资人来讲，晦涩难懂，反而让其失去继续阅读的兴趣。

3.用数据说话，做好数据核实

计划书中尽量将形容词和副词这样的表述转换为可量化的数据，数据更有话语权。而且一定要对所有的数据仔细核实，不能出现前后数据矛盾的情况。

多渠道寻找投资人

寻找投资人的渠道大致分为两种：一种是投资人主动找上门，另一种是你主动找投资人。

1.投资人主动找上门

要想让投资人主动找上门，需要做好以下工作：

①借助互联网媒体的宣传力量，做相关报道。

②主动参与公开评选竞赛，抓住更多展现自我的机会。

③把自己的产品在免费渠道做推广。

④将自己的产品推到融资平台。

⑤将自己打造成行业内的知名品牌。

2.自己主动找投资人

自己主动找投资人的方法如下：

①让身边的好友、股东等靠谱的人做引荐。

②自己主动给投资人投递创业想法和关于企业商业规划信息的文件。

③积极参加创投活动或者路演。

④在社交媒体上给投资人发私信，表明来意。

筛选投资人

当有较多投资人有合作意愿时，就需要对投资人进行筛选，找出最为匹配的投资人，具体方法如下：

1.看背景

判断一个投资人是否与公司发展相匹配，首先需要看他的背景，包括投资人是否属于A股上市公司、海外上市公司、新三板基金、产业基金等背景。因为你必须找一个能真正懂行且懂你的投资人，或者投资过你所在行业优秀公司的投资人，这样融资才更容易快速推进。

2.看领域

无论做哪行都有讲究。在选择投资人的时候，一定要保证投资人与你所在领域匹配、专业匹配，且具有资深的投资经验。但与此同时，也要注意避开投资过竞争对手的投资人。

3.看理念

应明确投资人的投资理念是否与你的经营理念相吻合，包括投资人的性格、投资风格、投资偏好等，这些都应当提前摸透对方。

4.看口碑

应对投资人在行业中的口碑进行提前调查，与那些口碑好的投资人合作自然不会有错。

5.看资源

投资人背后的资源对于融资公司来讲至关重要。投资人资源包括投资履历、投资经验等。

与投资人约谈并签署投资意向书

在选出合适的投资人之后，接下来就要与投资人约谈，并与其签署投资意向书。

1.约谈的基本原则

与投资人约谈，并不是盲目、随意进行的，而是要遵循一定的原则。

（1）简练原则

一场约谈通常可能只有2分钟，如果什么都谈，没有重点，那么时间很快就过去了，达不到约谈的真正目的。

（2）通俗原则

谈话中不要用太过专业的术语，因为投资人对你的专业性技术并不感兴趣，而是对产品、技术本身的前景或“钱景”感兴趣。所以，只要用所有人都能听得懂的语言传递有价值的信息即可。

（3）“三次”原则

如果投资人和你约谈超过三次，依然没有达成合作关系，那么他可能对你没有太大的投资意愿，不如趁早放弃。

（4）互动原则

在约谈的过程中，互动的重要性不容忽视。约谈重点就是“谈”，在谈的过程中，要注意双方之间的互动，而不是你在那里滔滔不绝，对方在那里一言不发。一定要学会聆听，知道投资人想要的信息，并给其精准回答。

2.约谈技巧

①表述要足够清晰，思路要足够敏捷。

②不以攻击其他同行或竞争对手来提升自我形象。

③提前做好充分准备，以便投资人在提出疑问时，能够从容应对。

3.签署投资意向书技巧

①不要将过多的注意力放在投资意向书上，因为投资意向书除了几个条款之外，并没有法律约束力。

②在签署投资意向书的时候，一定要注意抓大放小的原则，要明确什么是重要条款；在什么方面坚决不能退让，什么方面可以让步；让步的底线是什么。这些都要做到心中有数。

③如果你对这些商业条款吃不准，可以找一个靠谱的律师帮你参谋，帮你把握底线、掌握谈判分寸。

配合投资人尽职调查

除非项目投资人是创业团队核心成员，但凡做股权融资，公司都有义务积极配合投资人做尽职调查。

1.尽职调查内容

（1）业务尽职调查

业务尽职调查是指投资人对融资公司的经营状况进行评估的过程。业务尽职调查是尽职调查过程中的一个重要部分，能够有效帮助投资人了解融资公司的业务和风险，检查融资公司是否存在可能威胁交易甚至投资者业务稳定的隐患等。

具体来讲，业务尽职调查的内容包括企业概况（包括创始人、团队、股权结构、历次融资情况）、市场概况（包括市场规模、发展趋势、竞争分析等）、商业及盈利模式、关键数据指标（包括真实的成本、收益、用户等数据）、未来预测（包括财务预测、用户数量预测、未来发展规划等）。

（2）财务尽职调查

财务尽职调查，即投资人与融资企业协商一致后，投资人对融资企业的一切有关财务的事项进行现场调查。做财务尽职调查，需要注意以下几点：

①理论上由专业理财师完成，但如果公司是轻资产互联网公司，那么有可能只是把财务报表和所有单据简单地过一遍。

②融资企业切忌过于草率地做财务调查的相关准备工作，要给予应有的重视。

（3）法务尽职调查

法务尽职调查，是在融资过程中，由律师对融资公司的有关法律方面的问题做调查。调查的内容包括公司基本信息，财务信息，资产、知识产权和设备，资产和负债，对外担保，重大合同，员工，保险，诉讼等。

2.尽职调查要点

不同的投资人会采用不同的尽职调查方法。对于融资公司来讲，应当与投资人签署保密协议，然后对投资人全盘托出，让投资人对自身可以有更加详细的了解，并对投资人在尽职调查中的疑问作出坦诚回答和解释。如果融资公司不接受或不积极配合投资人做尽职调查，那么你就会与合适的投资人失之交臂。

投资条款谈判

在做完尽职调查之后，如果投资人对融资公司感兴趣，有投资意向，那么接下来双方就要进入投资条款谈判阶段。

在这个阶段，相关投资条款分为投资前提条款和常规投资条款。

1.投资前提条款

投资前提条款包括双方签署本次投资的最终协议，如股东协议、《公司章程》等，具体项目特别约定的投资前提条件等。

2.常规投资条款

常规投资条款，即前文讲到的几个重点条款，要在与投资人谈判的过程中对这几个重点条款进行着重介绍和讨论，并提示每个条款的关键性。

投资协议签署

在所有准备工作完成之后，最后要做的就是签署投资协议。只有签署了投资协议，本次股权融资才能生效，才能产生法律效力，前期所做的一切才有价值和意义。

签署投资协议的过程中，要注意以下几方面：

①正式签署投资协议后，法律效力随机生效。在签署前需要经过多次谈判和相互探讨，所以，在谈判和探讨的时候，一定不要将其看作走形式、走过场，而是要将其充分重视起来，把相关条款的内容搞清楚。

②如果你对相关条款拿不准，不妨聘请相关律师对核心条款进行解释，避免协议陷阱或因疏忽造成经济损失。

③如果投资人和融资方双方已经签订了投资协议，但在实际操作过程中，经常会出现投资人不按约定时间给融资公司打款的情况。所以，为了避免这样

的事件发生，融资公司要在投资协议中明确执行的具体时间，尽量在协议中缩短打款时间，避免投资人长时间不打款。

处理好与投资人的关系

在正式签署投资协议之后，就正式进入了融资阶段。这个时候，融资公司要注意处理好与投资人之间的关系。换句话说，就是要做好与投资人之间的关系维护工作。

如何做好这项维护工作呢？

1.尽量做好配合工作

做股权融资，是投资人和融资企业共同的事情，为了让融资能够尽快完成，融资公司一定要尽量做好配合工作，如定期向投资人提供财务报表与经营状况报告，也需要结合投资人的资源，引进与投资人相匹配的资源等，让双方之间的关系更加融洽和稳定。

2.积极诚信合作

融资企业要与投资人之间建立长期合作关系，彼此在合作的过程中要本着诚实、守信、履约、守法的原则相处，这样彼此之间的合作关系才会更加紧密。

3.把对方看作自己人

在做股权融资的过程中，无论融资企业还是投资人，之所以能够达成合作协议，是因为大家的利益目标一致。为了这个一致的利益目标，双方都应当尽自己最大的努力去实现它。实现这一共同利益目标的前提，就是彼此把对方看作自己人，大家共同组成一个利益共同体。